選択式トレーニン

1 本書の特長

- 豊富な問題数で、社労士試験の重要論点を網羅。
- 最新の改正箇所が一目で分かる 改正 マーク付き。
- 選択式試験問題としての 難易度 を表記することで、学習優先順位を明確にしている。
- 持ち運びやすいＡ５サイズ。
- 左ページに問題、右ページに解答の見開きで構成されており、学習しやすい。（なお、長文の問題については一部構成が異なります。）
- 空欄ごとの習熟度が把握できる空欄別チェック欄付き。
- 解答ページには、出題条文の空欄に解答語句を当てはめ、完成された文章とした「 完成文 」を収載（過去本試験問題を除く）。条文読込みに活用できるほか、解答語句以外の語句についての対策も可能。
- 色文字が機能的に活用されている。
- 平成26年から令和５年までの過去本試験問題を収載。本試験における合格基準点も掲載。（一部、当時のまま出題している問題や改正により改題させていただいた問題もあります。）

2 仕　様

〔1〕 出題問題

科目別講義テキストの内容に対応するオリジナルの予想問題です。
※科目別講義テキストは、資格の大原社労士講座受講生専用教材です。
　科目別講義テキストのみの販売はしておりません。

〔2〕 形　式

問題を左ページ、解答を右ページとする見開きの構成です。（一部除く。）
また、過去本試験問題においては合格基準点を掲載。
※ 合格基準点 …本試験における合格基準点を表しています。

①

3 表示の意味

📖 問題(左)ページ

❶ 改正項目：問題文見出しの右横に 改正 が付いているものは、改正箇所であることを示しています。

❷ 難易度ランク：難易度は、選択式問題としての難しさの度合いを示したものです。難易度が高い順に、**A・B・C** とランク付けしています。

- 難易度 **A** …選択式問題の対策として学習しておかなければ、解答することが難しい問題
- 難易度 **B** … 難易度 **A** ランクの問題と、 難易度 **C** ランクの問題が混在した問題
- 難易度 **C** …択一式問題の対策として学習をしておけば、解答しやすい問題

❸ Check欄：Check欄は、問題の習熟度合を図る目安としてご活用下さい。

❹ 選 択 肢：5空欄に対し、20個の選択肢が設定されています。選択肢は色文字としておりますので、同色のシートを被せることで文字が消えます。これにより「選択肢を見ないで解答を導き出す」というトレーニングを行えます。

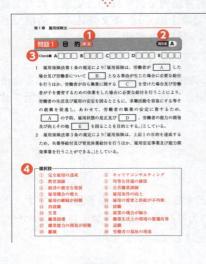

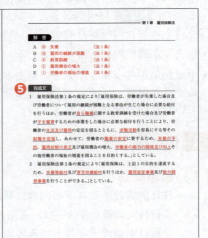

📖 問題(右)ページ

❺ 完 成 文：問題文の空欄に解答語句を当てはめた文章です。空欄箇所以外の重要な語句も確認することができます。

選択式トレーニング問題集の使い方

4 よくある質問

〔1〕択一式対策の学習と選択式対策の学習はどっちが重要？

まず択一式対策、次いで選択式対策の順が効率的

　択一式試験・選択式試験のいずれにも合格基準点が設けられている以上、どちらとも重要です。しかし、選択式問題の論点には、択一式問題の論点と重複するものが多く、択一式対策の学習を進めていけば、自然と選択式対策の学力も向上していきます。

　まずは、択一式トレーニング問題集などで択一式対策の学習を進め、次いで、選択式トレーニング問題集で選択式対策の学習を進めるという方法が効率的です。

〔2〕全ての問題を解いている時間がない…

難易度 A・B・Cの順で取り組みましょう

　時間がないときは、選択式問題としての難易度が高いものから、優先して取り組みましょう。具体的な優先順位は、 難易度 A・B・C の順です。難易度ランクの意味合いは、②ページをご覧下さい。

〔3〕問題の解答方法

選択肢を絞り込んで、正解率を高める

　選択式の問題は、5つの空欄に対して20個の選択肢が設定されており、一つの空欄に対する選択肢は、基本的には4個に絞ることができます。この正解肢候補の4個を相対比較し、かつ、問題文のテーマと照らし合わせた上で、最も適切と考えられる選択肢を選ぶようにすれば、正解率を高めることができます。この場合、「選択肢の絞り込み」が重要です。A〜Eの空欄に対してそれぞれ解答語句を探しだし、空欄に当てはめて適切なものを選ぶ癖をつけましょう。

③

CONTENTS

改正 は、改正箇所の問題です。

難易度 A・B・C は、問題の難易度ランクです。

第1章　厚生年金保険法

難易度

問題 1	目的等	A	2
問題 2	適用事業所	B	4
問題 3	高齢任意加入被保険者	B	6
問題 4	適用除外	B	8
問題 5	被保険者期間(1)	C	12
問題 6	被保険者期間(2)	B	14
問題 7	標準報酬月額、標準賞与額	C	16
問題 8	3歳未満の子を養育する被保険者等の標準報酬月額の特例	A	18
問題 9	厚生年金保険事業の財政	A	20
問題10	保険料率、保険料の免除等	B	22
問題11	滞納処分等	B	26
問題12	交付金と拠出金	A	28
問題13	積立金	A	32
問題14	年金給付の支払期月、端数処理	B	34
問題15	特別支給の老齢厚生年金	C	36
問題16	定額部分の額	B	38
問題17	支給繰上げの特例	A	42
問題18	障害者・長期加入者の特例	B	46
問題19	65歳前の在職老齢年金	改正 A	50
問題20	基本手当との調整	A	52

I

問題21	高年齢雇用継続給付との調整		A	54
問題22	65歳からの老齢厚生年金の額		B	56
問題23	経過的加算		B	60
問題24	老齢厚生年金の支給の繰下げ		B	62
問題25	老齢厚生年金の支給の繰上げ		B	66
問題26	65歳以後の在職老齢年金	改正	A	70
問題27	障害厚生年金の受給権者		C	74
問題28	障害厚生年金の額		C	76
問題29	障害厚生年金の額の改定		B	80
問題30	障害厚生年金の支給停止、失権		B	82
問題31	障害手当金		C	86
問題32	遺族厚生年金の支給要件		C	90
問題33	遺族厚生年金の遺族		C	94
問題34	中高齢寡婦加算		B	98
問題35	遺族厚生年金の支給停止		B	100
問題36	遺族厚生年金の失権		B	104
問題37	脱退一時金(1)		C	106
問題38	脱退一時金(2)		B	108
問題39	保険給付の制限		B	110
問題40	離婚時の年金分割制度(合意分割)(1)		B	114
問題41	離婚時の年金分割制度(合意分割)(2)		A	116
問題42	離婚時の年金分割制度(合意分割)(3)		A	118
問題43	離婚時の年金分割制度(合意分割)(4)		A	120
問題44	厚生年金の第3号分割制度		A	124

問題45	再評価率の改定	A	128
問題46	厚生年金保険原簿等	A	130
問題47	年金受給権者の確認等	B	134
問題48	不服申立て	B	136
問題49	時　効	B	140

第2章　厚生年金保険法（過去本試験問題）

難易度

問題 1	平成26年（改題）	B	146
問題 2	平成27年	B	150
問題 3	平成28年	A	154
問題 4	平成29年（改題）	B	158
問題 5	平成30年	A	162
問題 6	令和元年	C	166
問題 7	令和 2 年	C	170
問題 8	令和 3 年	B	174
問題 9	令和 4 年	C	176
問題10	令和 5 年	C	180

III

第1章　厚生年金保険法

第1章　厚生年金保険法

問題1　目的等　　　　　　　　　　　　　　難易度 A

Check欄 A ☐☐☐　B ☐☐☐　C ☐☐☐　D ☐☐☐　E ☐☐☐

1　厚生年金保険法は、労働者の　 A 　について　 B 　を行い、　 C 　の　 D 　に寄与することを目的とする。

2　厚生年金保険は、政府が、管掌する。

3　厚生年金保険法における　 E 　は、次に掲げる事務の区分に応じ、それぞれに定める者とする。

ア　第1号厚生年金被保険者の資格、第1号厚生年金被保険者に係る標準報酬等に関する事務→厚生労働大臣

イ　第2号厚生年金被保険者の資格、第2号厚生年金被保険者に係る標準報酬等に関する事務→国家公務員共済組合及び国家公務員共済組合連合会

ウ　第3号厚生年金被保険者の資格、第3号厚生年金被保険者に係る標準報酬等に関する事務→地方公務員共済組合、全国市町村職員共済組合連合会及び地方公務員共済組合連合会

エ　第4号厚生年金被保険者の資格、第4号厚生年金被保険者に係る標準報酬等に関する事務→日本私立学校振興・共済事業団

選択肢

① 運営機関	② 監督機関
③ 給付	④ 経済的地位の向上
⑤ 国民	⑥ 施設
⑦ 実施機関	⑧ 職業の安定
⑨ 生活の安定と福祉の向上	⑩ 被保険者
⑪ 福祉の向上	⑫ 扶助
⑬ 保険給付	⑭ 保険者
⑮ 労働者	⑯ 労働者及びその遺族
⑰ 老齢	⑱ 老齢、障害、死亡又は脱退
⑲ 老齢、障害又は死亡	⑳ 老齢又は死亡

第1章　厚生年金保険法

解答

A　⑲　老齢、障害又は死亡　　（法1条）
B　⑬　保険給付　　　　　　　（法1条）
C　⑯　労働者及びその遺族　　（法1条）
D　⑨　生活の安定と福祉の向上　（法1条）
E　⑦　実施機関　　　　　　　（法2条の5）

完成文

1　厚生年金保険法は、労働者の老齢、障害又は死亡について保険給付を行い、労働者及びその遺族の生活の安定と福祉の向上に寄与することを目的とする。

2　厚生年金保険は、政府が、管掌する。

3　厚生年金保険法における実施機関は、次に掲げる事務の区分に応じ、それぞれに定める者とする。

　ア　第1号厚生年金被保険者の資格、第1号厚生年金被保険者に係る標準報酬等に関する事務→厚生労働大臣

　イ　第2号厚生年金被保険者の資格、第2号厚生年金被保険者に係る標準報酬等に関する事務→国家公務員共済組合及び国家公務員共済組合連合会

　ウ　第3号厚生年金被保険者の資格、第3号厚生年金被保険者に係る標準報酬等に関する事務→地方公務員共済組合、全国市町村職員共済組合連合会及び地方公務員共済組合連合会

　エ　第4号厚生年金被保険者の資格、第4号厚生年金被保険者に係る標準報酬等に関する事務→日本私立学校振興・共済事業団

第1章　厚生年金保険法

問題2　適用事業所

難易度 **B**

Check欄 A□□□□　B□□□□　C□□□□　D□□□□　E□□□□

1　次のいずれかに該当する事業所又は船舶を適用事業所とする。

ア　　　　A　　　その他の法定業種の事業の事業所であって、　　B　　以上の従業員を使用するもの

イ　上記アに掲げるもののほか、　　C　　の事業所であって、常時従業員を使用するもの

ウ　船員法第1条に規定する船員として船舶所有者に使用される者が乗り組む　　D

2　上記1の事業所以外の事業所の事業主は、厚生労働大臣の認可を受けて、当該事業所を適用事業所とすることができるものとし、この認可を受けようとするときは、当該事業所の事業主は、当該事業所に使用される者（適用除外事由に該当する者を除く。）の　　E　　の同意を得て、厚生労働大臣に申請しなければならない。

選択肢

① 2分の1以上　　　② 4分の3以上　　　③ 5人
④ 10人　　　　　　⑤ 過半数　　　　　⑥ 漁船
⑦ 漁船であって、常時5人以上の船員を使用するもの
⑧ 国、地方公共団体又は法人　　　⑨ 国又は法人
⑩ 社会保険労務士が法令の規定に基づき行うこととされている法律に係る業務を行う事業
⑪ 常時5人　　　⑫ 常時10人　　　⑬ 接客業
⑭ 全員　　　　　⑮ 船舶
⑯ 船舶であって、常時5人以上の船員を使用するもの
⑰ 地方公共団体又は法人　　　　⑱ 農林水産業
⑲ 法人　　　　　⑳ 理容業

4

第1章　厚生年金保険法

解　答

A　⑩　社会保険労務士が法令の規定に基づき行うこととされている法律
　　　に係る業務を行う事業　　　（法6条、令1条の2）

B　⑪　常時5人　　　　　　　　（法6条）

C　⑧　国、地方公共団体又は法人　（法6条）

D　⑮　船舶　　　　　　　　　　（法6条）

E　①　2分の1以上　　　　　　（法6条）

完成文

1　次のいずれかに該当する事業所又は船舶を適用事業所とする。

　ア　社会保険労務士が法令の規定に基づき行うこととされている法律に係
　　　る業務を行う事業その他の法定業種の事業の事業所であって、常時5人
　　　以上の従業員を使用するもの

　イ　上記アに掲げるもののほか、国、地方公共団体又は法人の事業所で
　　　あって、常時従業員を使用するもの

　ウ　船員法第1条に規定する船員として船舶所有者に使用される者が乗り
　　　組む船舶

2　上記1の事業所以外の事業所の事業主は、厚生労働大臣の認可を受け
　　て、当該事業所を適用事業所とすることができるものとし、この認可を受
　　けようとするときは、当該事業所の事業主は、当該事業所に使用される者
　　（適用除外事由に該当する者を除く。）の2分の1以上の同意を得て、厚生
　　労働大臣に申請しなければならない。

第1章 厚生年金保険法

問題3 高齢任意加入被保険者　難易度 **B**

Check欄 A ☐☐☐　B ☐☐☐　C ☐☐☐　D ☐☐☐　E ☐☐☐

1 　| A 　| に使用される| B 　| の者であって、| C 　| 厚生年金、| C 　| 基礎年金その他の政令で定める給付の受給権を有しないもの（適用除外事由に該当する者を除く。）は、実施機関に申し出て、被保険者となることができる。

2 　上記1の申出をした者は、その申出が受理されたときは、その日に、被保険者の資格を取得する。

3 　上記1の規定による被保険者は、保険料（初めて納付すべき保険料を除く。）を滞納し、督促状の指定の期限までに、その保険料を納付しないとき（保険料の半額負担及び納付義務につき事業主の同意があるときを除く。）は、当該| D 　| の属する| E 　| に、被保険者の資格を喪失する。

選択肢

① 65歳以上	② 65歳未満
③ 70歳以上	④ 70歳未満
⑤ 遺族	⑥ 事業所
⑦ 障害	⑧ 月の初日
⑨ 月の前月の初日	⑩ 月の前月の末日
⑪ 月の末日	⑫ 適用事業所
⑬ 適用事業所以外の事業所	⑭ 督促状の指定期限
⑮ 督促状の指定期限の翌日	⑯ 法人の事業
⑰ 保険料の納期限	⑱ 保険料の納期限の翌日
⑲ 老齢	⑳ 老齢及び障害

第1章　厚生年金保険法

解　答

A　⑫　適用事業所　　　（法附則4条の3）

B　③　70歳以上　　　　（法附則4条の3）

C　⑲　老齢　　　　　　（法附則4条の3）

D　⑰　保険料の納期限　（法附則4条の3）

E　⑩　月の前月の末日　（法附則4条の3）

完成文

1　適用事業所に使用される70歳以上の者であって、老齢厚生年金、老齢基礎年金その他の政令で定める給付の受給権を有しないもの（適用除外事由に該当する者を除く。）は、**実施機関に申し出て**、被保険者となることができる。

2　上記1の**申出**をした者は、その**申出が受理**されたときは、**その日**に、被保険者の資格を取得する。

3　上記1の規定による被保険者は、保険料（**初めて納付すべき保険料**を除く。）を滞納し、**督促状の指定の**期限までに、その保険料を納付しないとき（保険料の半額負担及び納付義務につき**事業主の同意**があるときを除く。）は、当該保険料の納期限の属する月の前月の末日に、被保険者の資格を喪失する。

7

第1章　厚生年金保険法

問題4　適用除外　　難易度 B

Check欄　A ⬜⬜⬜　B ⬜⬜⬜　C ⬜⬜⬜　D ⬜⬜⬜　E ⬜⬜⬜

適用事業所に使用される70歳未満の者であっても、以下の(1)～(5)のいずれかに該当する者は、厚生年金保険の被保険者としない。

(1)　臨時に使用される者（　A　を除く。）であって、以下に掲げるもの。

　ア　日々雇い入れられる者（ただし、　B　を超え、引き続き使用されるに至った場合を除く。）

　イ　　C　以内の期間を定めて使用される者であって、当該定めた期間を超えて使用されることが見込まれないもの（ただし、定めた期間を超え、引き続き使用されるに至った場合を除く。）

(2)　所在地が一定しない事業所に使用される者

(3)　季節的業務に使用される者（　A　を除く。）。ただし、継続して4か月を超えて使用されるべき場合は、この限りでない。

(4)　臨時的事業の事業所に使用される者。ただし、継続して6か月を超えて使用されるべき場合は、この限りでない。

(5)　事業所に使用される者であって、その1週間の所定労働時間が同一の事業所に使用される通常の労働者（当該事業所に使用される通常の労働者と同種の業務に従事する当該事業所に使用される者にあっては、厚生労働省令で定める場合を除き、当該者と同種の業務に従事する当該通常の労働者。以下単に「通常の労働者」という。）の1週間の所定労働時間の　D　未満である短時間労働者（1週間の所定労働時間が同一の事業所に使用される通常の労働者の1週間の所定労働時間に比し短い者をいう。以下同じ。）又はその　B　間の所定労働日数が同一の事業所に使用される通常の労働者の　B　間の所定労働日数の　D　未満である短時間労働者に該当し、かつ、以下aからcまでのいずれかの要件に該当するもの。

8

第1章　厚生年金保険法

a　1週間の所定労働時間が20時間未満であること。

b　報酬(最低賃金法第4条第3項各号に掲げる賃金に相当するものとして厚生労働省令で定めるものを除く。)について、厚生労働省令で定めるところにより算定した額が、　E　未満であること。

c　学校教育法に規定する高等学校の生徒、大学の学生その他の厚生労働省令で定める者であること。

選択肢

①	1か月	②	2か月	③	2分の1
④	3分の1	⑤	3分の2	⑥	4分の3
⑦	5か月	⑧	6万2千円	⑨	7か月
⑩	7万8千円	⑪	8か月	⑫	8万8千円
⑬	9万2千円	⑭	10日	⑮	14日
⑯	20日	⑰	高齢任意加入被保険者		
⑱	船舶所有者に使用される船員				
⑲	第4種被保険者	⑳	任意単独被保険者		

第1章　厚生年金保険法

解　答

A	⑱	船舶所有者に使用される船員	（法12条）
B	①	1か月	（法12条）
C	②	2か月	（法12条）
D	⑥	4分の3	（法12条）
E	⑫	8万8千円	（法12条）

完成文

適用事業所に使用される70歳未満の者であっても、以下の(1)〜(5)のいずれかに該当する者は、厚生年金保険の被保険者としない。

(1) 臨時に使用される者（船舶所有者に使用される船員を除く。）であって、以下に掲げるもの

ア　日々雇い入れられる者（ただし、1か月を超え、引き続き使用されるに至った場合を除く。）

イ　2か月以内の期間を定めて使用される者であって、当該定めた期間を超えて使用されることが見込まれないもの（ただし、定めた期間を超え、引き続き使用されるに至った場合を除く。）

(2) 所在地が一定しない事業所に使用される者

(3) 季節的業務に使用される者（船舶所有者に使用される船員を除く。）。ただし、継続して4か月を超えて使用されるべき場合は、この限りでない。

(4) 臨時的事業の事業所に使用される者。ただし、継続して6か月を超えて使用されるべき場合は、この限りでない。

(5) 事業所に使用される者であって、その1週間の所定労働時間が同一の事業所に使用される通常の労働者（当該事業所に使用される通常の労働者と同種の業務に従事する当該事業所に使用される者にあっては、厚生労働省令で定める場合を除き、当該者と同種の業務に従事する当該通常の労働者。以下単に「通常の労働者」という。）の1週間の所定労働時間の4分の3未満である短時間労働者（1週間の所定労働時間が同一の事業所に使用さ

10

れる通常の労働者の1週間の所定労働時間に比し短い者をいう。以下同じ。)又はその1か月間の所定労働日数が同一の事業所に使用される通常の労働者の1か月間の所定労働日数の4分の3未満である短時間労働者に該当し、かつ、以下aからcまでのいずれかの要件に該当するもの。

a　1週間の所定労働時間が20時間未満であること。

b　報酬(最低賃金法第4条第3項各号に掲げる賃金に相当するものとして厚生労働省令で定めるものを除く。)について、厚生労働省令で定めるところにより算定した額が、8万8千円未満であること。

c　学校教育法に規定する高等学校の生徒、大学の学生その他の厚生労働省令で定める者であること。

第1章　厚生年金保険法

問題5　被保険者期間(1)

難易度 C

Check欄　A □□□　B □□□　C □□□　D □□□　E □□□

1　被保険者期間を計算する場合には、月によるものとし、被保険者の資格を取得した月からその資格を喪失した月の前月までをこれに算入する。

2　被保険者の資格を取得した月にその資格を喪失したときは、その月を1か月として被保険者期間に算入する。ただし、その月に更に　A　の資格を取得したときは、この限りでない。

3　　B　4月1日前の厚生年金保険の　C　であった期間につき被保険者期間を計算する場合には、実際の被保険者期間に3分の4を乗じて得た期間を、　B　4月1日以後　D　4月1日前までの厚生年金保険の　C　であった期間につき被保険者期間を計算する場合には、実際の被保険者期間に　E　を乗じて得た期間をもって厚生年金保険の被保険者期間とする。

選択肢

① 2分の3　　　　　　　② 4分の5
③ 5分の6　　　　　　　④ 6分の7
⑤ 国民年金の被保険者　　⑥ 昭和16年
⑦ 昭和17年　　　　　　⑧ 昭和36年
⑨ 昭和61年　　　　　　⑩ 第2種被保険者
⑪ 第3号被保険者　　　　⑫ 第3種被保険者
⑬ 任意加入被保険者　　　⑭ 被保険者
⑮ 被保険者又は国民年金の被保険者
⑯ 被保険者又は国民年金の被保険者(国民年金法に規定する第2号被保険者を除く。)
⑰ 平成3年　　　　　　　⑱ 平成5年
⑲ 平成7年　　　　　　　⑳ 平成18年

第1章　厚生年金保険法

解　答

A　⑯　被保険者又は国民年金の被保険者（国民年金法に規定する第2号
　　　　被保険者を除く。）　（法19条）
B　⑨　昭和61年　　　　　　（S60法附則47条）
C　⑫　第3種被保険者　　　（S60法附則47条）
D　⑰　平成3年　　　　　　（S60法附則47条）
E　③　5分の6　　　　　　（S60法附則47条）

完成文

1　被保険者期間を計算する場合には、月によるものとし、被保険者の<u>資格</u>
　<u>を取得した月</u>から<u>その資格を喪失した月の前月</u>までをこれに算入する。

2　被保険者の資格を取得した月にその資格を喪失したときは、その月を1
　か月として被保険者期間に算入する。ただし、その月に更に被保険者又は
　国民年金の被保険者（国民年金法に規定する第2号被保険者を除く。）の資
　格を取得したときは、この限りでない。

3　昭和61年4月1日前の厚生年金保険の第3種被保険者であった期間につ
　き被保険者期間を計算する場合には、実際の被保険者期間に<u>3分の4</u>を乗
　じて得た期間を、昭和61年4月1日以後平成3年4月1日前までの厚生年
　金保険の第3種被保険者であった期間につき被保険者期間を計算する場合
　には、実際の被保険者期間に5分の6を乗じて得た期間をもって厚生年金
　保険の被保険者期間とする。

13

第1章　厚生年金保険法

問題6　被保険者期間⑵

難易度 **B**

Check欄 A☐☐☐☐ B☐☐☐☐ C☐☐☐☐ D☐☐☐☐ E☐☐☐☐

　被保険者期間（第1号厚生年金被保険者期間に限る。）が　 A 　以上である者について、旧陸軍共済組合等の組合員であった期間（旧共済組合員期間）のうちに　 B 　6月から　 C 　8月までの期間がある場合においては、当該期間は、その者の　 D 　に関し支給する保険給付については、　 E 　であった期間とみなす。

選択肢

①	1 年	②	3 年	③	5 年
④	6 か月	⑤	坑内員たる被保険者		
⑥	坑内員たる被保険者及び船員たる被保険者以外の被保険者				
⑦	障害又は死亡	⑧	昭和14年	⑨	昭和17年
⑩	昭和18年	⑪	昭和20年	⑫	昭和34年
⑬	昭和36年	⑭	昭和41年	⑮	昭和61年
⑯	第3種被保険者	⑰	被保険者	⑱	老齢
⑲	老齢又は死亡	⑳	老齢又は障害		

第1章 厚生年金保険法

解 答

A ① 1年 （法附則28条の2）
B ⑨ 昭和17年 （法附則28条の2）
C ⑪ 昭和20年 （法附則28条の2）
D ⑲ 老齢又は死亡 （法附則28条の2）
E ⑥ 坑内員たる被保険者及び船員たる被保険者以外の被保険者
（法附則28条の2）

完成文

被保険者期間（第1号厚生年金被保険者期間に限る。）が1年以上である者について、旧陸軍共済組合等の組合員であった期間（旧共済組合員期間）のうちに昭和17年6月から昭和20年8月までの期間がある場合においては、当該期間は、その者の老齢又は死亡に関し支給する保険給付については、坑内員たる被保険者及び船員たる被保険者以外の被保険者であった期間とみなす。

第1章　厚生年金保険法

問題7　標準報酬月額、標準賞与額　　難易度 C

Check欄 A□□□　B□□□　C□□□　D□□□　E□□□

1　標準報酬月額は、被保険者の報酬月額に基づき、　A　　円から650,000円までの　B　　等級の等級区分(下記2により等級区分の改定が行われたときは、改定後の等級区分)によって定める。

2　毎年3月31日における全被保険者の標準報酬月額を平均した額の100分の　C　　に相当する額が標準報酬月額等級の最高等級の標準報酬月額を超える場合において、その状態が継続すると認められるときは、その年の　D　　から、健康保険法の標準報酬月額の等級区分を参酌して、政令で、当該最高等級の上に更に等級を加える標準報酬月額の等級区分の改定を行うことができる。

3　実施機関は、被保険者が賞与を受けた月において、その月に当該被保険者が受けた賞与額に基づき、これに1,000円未満の端数を生じたときはこれを切り捨てて、その月における標準賞与額を決定する。この場合において、当該標準賞与額が　E　　円(上記2の規定による標準報酬月額の等級区分の改定が行われたときは、政令で定める額。)を超えるときは、これを　E　　円とする。

選択肢

① 24	② 32	③ 39	④ 47
⑤ 125	⑥ 150	⑦ 200	⑧ 300
⑨ 78,000	⑩ 88,000	⑪ 98,000	
⑫ 108,000	⑬ 1,210,000	⑭ 1,500,000	
⑮ 3,000,000	⑯ 5,400,000	⑰ 1月1日	
⑱ 4月1日	⑲ 8月1日	⑳ 9月1日	

第1章　厚生年金保険法

解　答

A	⑩	88,000	（法20条）
B	②	32	（法20条）
C	⑦	200	（法20条）
D	⑳	9 月 1 日	（法20条）
E	⑭	1,500,000	（法24条の 4 ）

完成文

1　標準報酬月額は、被保険者の報酬月額に基づき、88,000円から650,000円までの32等級の等級区分（下記 2 により等級区分の改定が行われたときは、改定後の等級区分）によって定める。

2　毎年 3 月31日における全被保険者の標準報酬月額を平均した額の100分の200に相当する額が標準報酬月額等級の最高等級の標準報酬月額を超える場合において、その状態が継続すると認められるときは、その年の 9 月 1 日から、健康保険法の標準報酬月額の等級区分を参酌して、政令で、当該最高等級の上に更に等級を加える標準報酬月額の等級区分の改定を行うことができる。

3　実施機関は、被保険者が賞与を受けた月において、その月に当該被保険者が受けた賞与額に基づき、これに1,000円未満の端数を生じたときはこれを切り捨てて、その月における標準賞与額を決定する。この場合において、当該標準賞与額が1,500,000円（上記 2 の規定による標準報酬月額の等級区分の改定が行われたときは、政令で定める額。）を超えるときは、これを1,500,000円とする。

17

第1章　厚生年金保険法

問題8　3歳未満の子を養育する被保険者等の標準報酬月額の特例

難易度 **A**

Check欄　A ☐☐☐　B ☐☐☐　C ☐☐☐　D ☐☐☐　E ☐☐☐

　　A 　歳に満たない子を養育し、又は養育していた被保険者又は被保険者であった者が、主務省令で定めるところにより実施機関に申出(被保険者にあっては、その使用される事業所の事業主を経由して行うものとする。)をしたときは、当該子を養育することとなった日(厚生労働省令で定める事実が生じた日にあっては、その日)の属する月から当該子が 　A 　歳に達したときその他一定の事由に該当するに至った日の翌日の属する月の前月までの各月のうち、その標準報酬月額が当該子を養育することとなった日の属する 　B 　(当該月において被保険者でない場合にあっては、当該月前 　C 　以内における被保険者であった月のうち直近の月。以下「基準月」という。)の標準報酬月額(この規定により当該子以外の子に係る基準月の標準報酬月額が標準報酬月額とみなされている場合にあっては、当該みなされた基準月の標準報酬月額。以下「従前標準報酬月額」という。)を下回る月(当該申出が行われた日の属する月前の月にあっては、当該申出が行われた日の属する月の前月までの 　D 　間のうちにあるものに限る。)については、従前標準報酬月額を当該下回る月の 　E 　の計算の基礎となる標準報酬月額とみなす。

選択肢

① 1	② 3	③ 6	④ 9
⑤ 1か月	⑥ 1年	⑦ 2年	⑧ 3か月
⑨ 3年	⑩ 5年	⑪ 6か月	⑫ 10年
⑬ 脱退一時金	⑭ 月	⑮ 月の前月	
⑯ 月の前々月	⑰ 月の翌月	⑱ 平均標準報酬額	
⑲ 平均標準報酬額及び保険料の額		⑳ 保険料の額	

18

第1章　厚生年金保険法

解　答

A	②	3	（法26条）
B	⑮	月の前月	（法26条）
C	⑥	1年	（法26条）
D	⑦	2年	（法26条）
E	⑱	平均標準報酬額	（法26条）

完成文

　3歳に満たない子を養育し、又は養育していた被保険者又は被保険者であった者が、主務省令で定めるところにより実施機関に申出（被保険者にあっては、その使用される事業所の事業主を経由して行うものとする。）をしたときは、当該子を養育することとなった日（厚生労働省令で定める事実が生じた日にあっては、その日）の属する月から当該子が3歳に達したときその他一定の事由に該当するに至った日の翌日の属する月の前月までの各月のうち、その標準報酬月額が当該子を養育することとなった日の属する月の前月（当該月において被保険者でない場合にあっては、当該月前1年以内における被保険者であった月のうち直近の月。以下「基準月」という。）の標準報酬月額（この規定により当該子以外の子に係る基準月の標準報酬月額が標準報酬月額とみなされている場合にあっては、当該みなされた基準月の標準報酬月額。以下「従前標準報酬月額」という。）を下回る月（当該申出が行われた日の属する月前の月にあっては、当該申出が行われた日の属する月の前月までの2年間のうちにあるものに限る。）については、従前標準報酬月額を当該下回る月の平均標準報酬額の計算の基礎となる標準報酬月額とみなす。

19

第1章　厚生年金保険法

問題9　厚生年金保険事業の財政　　難易度 A

Check欄　A ☐☐☐　B ☐☐☐　C ☐☐☐　D ☐☐☐　E ☐☐☐

1　厚生年金保険事業の財政は、　　A　　にその均衡が保たれたものでなければならず、著しくその均衡を失すると見込まれる場合には、速やかに所要の措置が講ぜられなければならない。

2　政府は、少なくとも　　B　　年ごとに、保険料及び　　C　　の額並びに保険給付に要する費用の額その他の厚生年金保険事業の財政に係る収支についてその現況及び　　D　　における見通し（財政の現況及び見通し）を作成しなければならない。

3　　D　　は、財政の現況及び見通しが作成される年以降おおむね　　E　　年間である。

選択肢

① 1	② 3	③ 5
④ 10	⑤ 30	⑥ 50
⑦ 100	⑧ 200	⑨ 永久的
⑩ 基礎年金拠出金	⑪ 継続的	⑫ 国庫負担
⑬ 国庫補助	⑭ 財政期間	⑮ 財政均衡期間
⑯ 財政調整期間	⑰ 中期的	⑱ 長期的
⑲ 調整期間	⑳ 積立金	

第1章 厚生年金保険法

解答

A ⑱ 長期的 （法2条の3）
B ③ 5 （法2条の4）
C ⑫ 国庫負担 （法2条の4）
D ⑮ 財政均衡期間 （法2条の4）
E ⑦ 100 （法2条の4）

完成文

1 厚生年金保険事業の財政は、長期的にその**均衡**が保たれたものでなければならず、著しくその**均衡**を失すると見込まれる場合には、速やかに所要の措置が講ぜられなければならない。

2 政府は、少なくとも5年ごとに、**保険料**及び国庫負担の額並びに**保険給付**に要する費用の額その他の厚生年金保険事業の財政に係る**収支**についてその**現況**及び財政均衡期間における見通し（**財政の現況及び見通し**）を作成しなければならない。

3 財政均衡期間は、**財政の現況及び見通し**が作成される年以降おおむね100年間である。

21

第1章　厚生年金保険法

問題10　保険料率、保険料の免除等　　難易度 B

Check欄　A ☐☐☐　B ☐☐☐　C ☐☐☐　D ☐☐☐　E ☐☐☐

1　政府等は、厚生年金保険事業に要する費用（　　A　　を含む。）に充てるため、保険料を徴収する。

2　厚生年金保険の保険料率は、第1号厚生年金被保険者については、1000分の　　B　　となっている。

3　育児休業等をしている被保険者（下記4の規定の適用を受けている被保険者を除く。）が使用される事業所の事業主が、主務省令で定めるところにより実施機関に申出をしたときは、次の各号に掲げる場合の区分に応じ、当該各号に定める月の当該被保険者に係る保険料（その育児休業等の期間が1か月以下である者については、標準報酬月額に係る保険料に限る。）の徴収は行わない。

一　その育児休業等を　　C　　とその育児休業等が　　D　　とが異なる場合

→　その育児休業等を　　C　　からその育児休業等が　　D　　の前月までの月

二　その育児休業等を　　C　　とその育児休業等が　　D　　とが同一であり、かつ、当該月における育児休業等の日数として厚生労働省令で定めるところにより計算した日数が14日以上である場合

→　当該月

4　産前産後休業をしている被保険者が使用される事業所の事業主が、主務省令で定めるところにより実施機関に申出をしたときは、当該被保険者に係る保険料であってその産前産後休業を　　C　　からその産前産後休業が　　D　　の前月までの期間に係るものの徴収は行わない。

5　毎月の保険料は、翌月末日までに、納付しなければならない。

6　厚生労働大臣は、納入の告知をした保険料額が当該納付義務者が納付す

22

べき保険料額をこえていることを知ったとき、又は納付した保険料額が当該納付義務者が納付すべき保険料額をこえていることを知ったときは、そのこえている部分に関する納入の告知又は納付を、その納入の告知又は納付の日の翌日から　　E　　以内の期日に納付されるべき保険料について納期を繰り上げてしたものとみなすことができる。

選択肢

① 183　　　　② 187.56　　　③ 191.5　　　④ 196.94
⑤ 3か月　　　⑥ 6か月　　　⑦ 8か月　　　⑧ 10か月
⑨ 開始した日の属する月
⑩ 開始した日の属する月の翌月
⑪ 基礎年金拠出金
⑫ 拠出金算定対象額
⑬ 後期高齢者支援金
⑭ 厚生年金保険給付費等
⑮ 終了する日が属する月
⑯ 終了する日の翌日が属する月
⑰ 終了する日の前日が属する月
⑱ 終了する日の前々日が属する月
⑲ 申し出た日の属する月
⑳ 申し出た日の属する月の翌月

第1章　厚生年金保険法

> **解　答**

A　⑪　基礎年金拠出金　　　　　　（法81条）
B　①　183　　　　　　　　　　　　（法81条）
C　⑨　開始した日の属する月　　　（法81条の2、81条の2の2）
D　⑯　終了する日の翌日が属する月　（法81条の2、81条の2の2）
E　⑥　6か月　　　　　　　　　　　（法83条）

> **完成文**

1　政府等は、<u>厚生年金保険事業</u>に要する費用（基礎年金拠出金を含む。）に充てるため、保険料を徴収する。

2　厚生年金保険の保険料率は、第1号厚生年金被保険者については、1000分の183となっている。

3　<u>育児休業等</u>をしている被保険者（下記4の規定の適用を受けている被保険者を除く。）が使用される事業所の事業主が、主務省令で定めるところにより実施機関に申出をしたときは、次の各号に掲げる場合の区分に応じ、当該各号に定める月の当該被保険者に係る保険料（その育児休業等の期間が<u>1か月以下</u>である者については、<u>標準報酬月額に係る保険料</u>に限る。）の徴収は行わない。

一　その育児休業等を開始した日の属する月とその育児休業等が終了する日の翌日が属する月とが<u>異なる</u>場合

　→　その育児休業等を開始した日の属する月からその育児休業等が終了する日の翌日が属する月の<u>前月</u>までの月

二　その育児休業等を開始した日の属する月とその育児休業等が終了する日の翌日が属する月とが<u>同一</u>であり、かつ、当該月における育児休業等の日数として厚生労働省令で定めるところにより計算した日数が<u>14日以上</u>である場合

　→　<u>当該月</u>

4　<u>産前産後休業</u>をしている被保険者が使用される事業所の事業主が、主務

省令で定めるところにより実施機関に申出をしたときは、当該被保険者に係る保険料であってその**産前産後休業**を開始した日の属する月からその**産前産後休業**が終了する日の翌日が属する月の前月までの期間に係るものの徴収は行わない。

5 毎月の保険料は、**翌月末日**までに、納付しなければならない。

6 厚生労働大臣は、納入の告知をした保険料額が当該納付義務者が納付すべき保険料額をこえていることを知ったとき、又は納付した保険料額が当該納付義務者が納付すべき保険料額をこえていることを知ったときは、そのこえている部分に関する納入の告知又は納付を、その納入の告知又は納付の日の翌日から6か月以内の期日に納付されるべき保険料について納期を繰り上げてしたものとみなすことができる。

第1章　厚生年金保険法

問題11　滞納処分等

難易度 B

Check欄　A ☐☐☐　B ☐☐☐　C ☐☐☐　D ☐☐☐　E ☐☐☐

　厚生労働大臣は、滞納処分等その他の処分に係る納付義務者が滞納処分等その他の処分の執行を免れる目的でその財産について隠ぺいしているおそれがあることその他以下アからエの事情があるため保険料等の　A　な徴収を行う上で必要があると認めるときは、政令で定めるところにより、　B　に、当該納付義務者に関する情報その他必要な情報を提供するとともに、当該納付義務者に係る滞納処分等その他の処分の権限の全部又は一部を委任することができる。

ア　納付義務者が　C　分以上の保険料を滞納していること。

イ　納付義務者が滞納処分等その他の処分の執行を免れる目的でその財産について隠ぺいしているおそれがあること。

ウ　納付義務者が滞納している保険料等の額が　D　円以上であること。

エ　滞納処分等その他の処分を受けたにもかかわらず、納付義務者が滞納している保険料等の納付について　E　を有すると認められないこと。

選択肢
① 　1億　　　　　　② 　3か月　　　　　③ 　6か月
④ 　12か月　　　　⑤ 　24か月　　　　 ⑥ 　1,000万
⑦ 　3,000万　　　 ⑧ 　5,000万　　　　⑨ 　円滑
⑩ 　効果的　　　　⑪ 　財務大臣　　　　⑫ 　市町村長
⑬ 　迅速　　　　　⑭ 　誠実な意思　　　⑮ 　正当な理由
⑯ 　総務大臣　　　⑰ 　日本年金機構　　⑱ 　納付が困難な事由
⑲ 　納付の意思　　⑳ 　能率的

26

第1章　厚生年金保険法

解　答

A　⑩　効果的　　　（法100条の5）
B　⑪　財務大臣　　（法100条の5）
C　⑤　24か月　　　（則99条）
D　⑧　5,000万　　（則101条）
E　⑭　誠実な意思　（令4条の2の16）

完成文

　厚生労働大臣は、滞納処分等その他の処分に係る納付義務者が滞納処分等その他の処分の執行を免れる目的でその財産について隠ぺいしているおそれがあることその他以下アからエの事情があるため保険料等の効果的な徴収を行う上で必要があると認めるときは、政令で定めるところにより、財務大臣に、当該納付義務者に関する情報その他必要な情報を提供するとともに、当該納付義務者に係る滞納処分等その他の処分の権限の全部又は一部を委任することができる。

ア　納付義務者が24か月分以上の保険料を滞納していること。

イ　納付義務者が滞納処分等その他の処分の執行を免れる目的でその財産について隠ぺいしているおそれがあること。

ウ　納付義務者が滞納している保険料等の額が5,000万円以上であること。

エ　滞納処分等その他の処分を受けたにもかかわらず、納付義務者が滞納している保険料等の納付について誠実な意思を有すると認められないこと。

第1章　厚生年金保険法

問題12　交付金と拠出金

難易度 **A**

Check欄 A□□□　B□□□　C□□□　D□□□　E□□□

1　政府は、政令で定めるところにより、　　A　　、実施機関(厚生労働大臣を除く。以下同じ。)ごとに実施機関に係るこの法律の規定による保険給付に要する費用として政令で定めるものその他これに相当する給付として政令で定めるものに要する費用(以下「厚生年金保険給付費等」という。)として算定した金額を、当該実施機関に対して　　B　　として交付する。

2　実施機関は、　　A　　、拠出金を納付する。

3　　C　　から上記2の規定により実施機関が納付する拠出金の合計額及び政府等が負担し、又は納付する基礎年金拠出金保険料相当分(基礎年金拠出金から基礎年金拠出金の額の2分の1に相当する額を控除した額をいう。)の合計額を控除した額については、厚生年金保険の実施者たる政府の負担とする。

4　財政の現況及び見通しが作成されるときは、厚生労働大臣は、上記2の規定による実施機関が納付すべき拠出金及び上記3の規定による政府の負担について、その　　D　　を算定するものとする。

5　上記2の規定により実施機関が納付する拠出金の額は、当該年度における　　C　　に、それぞれア・イに掲げる率を乗じて得た額の合計額から、当該実施機関が納付する基礎年金拠出金保険料相当分の額を控除した額とする。

ア　　E

イ　積立金按分率

6　上記5の　　C　　は、当該年度における厚生年金保険給付費等の総額に、当該年度において政府等が負担し、又は納付する基礎年金拠出金保険料相当分の合計額を加えた額とする。

28

第 1 章　厚生年金保険法

選択肢

①	２年度ごとに	②	３年度ごとに
③	５年度ごとに	④	運用による収益額
⑤	過年度の実績額	⑥	拠出金按分率
⑦	拠出金算定対象額	⑧	拠出金調整変更額
⑨	交付金	⑩	交付金算定基礎額
⑪	実施機関積立金の額	⑫	将来にわたる予想額
⑬	助成金	⑭	積立金
⑮	年金給付按分率	⑯	納付金
⑰	納付金標準改定額	⑱	標準報酬按分率
⑲	保険料按分率	⑳	毎年度

第1章　厚生年金保険法

解　答

A	⑳	毎年度	（法84条の３、84条の５）
B	⑨	交付金	（法84条の３）
C	⑦	拠出金算定対象額	（法84条の５、84条の６）
D	⑫	将来にわたる予想額	（法84条の５）
E	⑱	標準報酬按分率	（法84条の６）

第1章　厚生年金保険法

完成文

1　政府は、政令で定めるところにより、毎年度、実施機関(厚生労働大臣を除く。以下同じ。)ごとに実施機関に係るこの法律の規定による保険給付に要する費用として政令で定めるものその他これに相当する給付として政令で定めるものに要する費用(以下「厚生年金保険給付費等」という。)として算定した金額を、当該実施機関に対して交付金として交付する。

2　実施機関は、毎年度、拠出金を納付する。

3　拠出金算定対象額から上記2の規定により実施機関が納付する拠出金の合計額及び政府等が負担し、又は納付する基礎年金拠出金保険料相当分(基礎年金拠出金から基礎年金拠出金の額の2分の1に相当する額を控除した額をいう。)の合計額を控除した額については、厚生年金保険の実施者たる政府の負担とする。

4　財政の現況及び見通しが作成されるときは、厚生労働大臣は、上記2の規定による実施機関が納付すべき拠出金及び上記3の規定による政府の負担について、その将来にわたる予想額を算定するものとする。

5　上記2の規定により実施機関が納付する拠出金の額は、当該年度における拠出金算定対象額に、それぞれア・イに掲げる率を乗じて得た額の合計額から、当該実施機関が納付する基礎年金拠出金保険料相当分の額を控除した額とする。

ア　標準報酬按分率

イ　積立金按分率

6　上記5の拠出金算定対象額は、当該年度における厚生年金保険給付費等の総額に、当該年度において政府等が負担し、又は納付する基礎年金拠出金保険料相当分の合計額を加えた額とする。

31

第1章　厚生年金保険法

問題13　積立金

難易度 A

Check欄 A ☐☐☐ B ☐☐☐ C ☐☐☐ D ☐☐☐ E ☐☐☐

1　積立金(年金特別会計の厚生年金勘定の積立金(特別会計積立金)及び実施機関(厚生労働大臣を除く。)の積立金のうち厚生年金保険事業(基礎年金拠出金の納付を含む。)に係る部分に相当する部分として政令で定める部分(実施機関積立金)をいう。)の運用は、積立金が厚生年金保険の被保険者から徴収された保険料の一部であり、かつ、将来の保険給付の貴重な財源となるものであることに特に留意し、専ら厚生年金保険の　　A　　のために、　　B　　から、　　C　　に行うことにより、将来にわたって、厚生年金保険事業の運営の安定に資することを目的として行うものとする。

2　特別会計積立金の運用は、厚生労働大臣が、上記1の目的に沿った運用に基づく　　D　　を目的として、年金積立金管理運用独立行政法人に対し、特別会計積立金を寄託することにより行うものとする。

3　厚生労働大臣は、上記2の規定にかかわらず、上記2の規定に基づく寄託をするまでの間、　　E　　に特別会計積立金を預託することができる。

選択肢

① 安全かつ効率的	② 安全性重視の観点
③ 運用収益の獲得	④ 堅実
⑤ 公正かつ慎重	⑥ 国民年金制度の維持
⑦ 財源確保	⑧ 財政融資資金
⑨ 自主運用の仕組み	⑩ 将来的な見通し
⑪ 信託会社	⑫ 忠実
⑬ 長期的な観点	⑭ 投資顧問業者
⑮ 年金財政基盤強化	⑯ 年金財政の安定
⑰ 納付金の納付	⑱ 被保険者の利益
⑲ 保険料の上昇抑止	⑳ 民間金融機関

第 1 章　厚生年金保険法

解　答

A　⑱　被保険者の利益　（法79条の２）
B　⑬　長期的な観点　　（法79条の２）
C　①　安全かつ効率的　（法79条の２）
D　⑰　納付金の納付　　（法79条の３）
E　⑧　財政融資資金　　（法79条の３）

完成文

1　積立金（年金特別会計の厚生年金勘定の積立金（特別会計積立金）及び実施機関（厚生労働大臣を除く。）の積立金のうち厚生年金保険事業（基礎年金拠出金の納付を含む。）に係る部分に相当する部分として政令で定める部分（実施機関積立金）をいう。）の運用は、積立金が厚生年金保険の被保険者から徴収された保険料の一部であり、かつ、将来の保険給付の貴重な財源となるものであることに特に留意し、専ら厚生年金保険の被保険者の利益のために、長期的な観点から、安全かつ効率的に行うことにより、将来にわたって、厚生年金保険事業の運営の安定に資することを目的として行うものとする。

2　特別会計積立金の運用は、厚生労働大臣が、上記１の目的に沿った運用に基づく納付金の納付を目的として、年金積立金管理運用独立行政法人に対し、特別会計積立金を寄託することにより行うものとする。

3　厚生労働大臣は、上記２の規定にかかわらず、上記２の規定に基づく寄託をするまでの間、財政融資資金に特別会計積立金を預託することができる。

33

第 1 章　厚生年金保険法

問題14　年金給付の支払期月、端数処理　難易度 B

Check欄　A□□□　B□□□　C□□□　D□□□　E□□□

1　保険給付を受ける権利を裁定する場合又は保険給付の額を改定する場合において、保険給付の額に　A　未満の端数が生じたときは、これを切り捨て、　A　以上　B　未満の端数が生じたときは、これを　B　に切り上げるものとする。

2　年金は、　C　に、それぞれその前月分までを支払う。ただし、前支払期月に支払うべきであった年金又は権利が消滅した場合若しくは年金の支給を停止した場合におけるその期の年金は、支払期月でない月であっても、支払うものとする。

3　上記2の規定による支払額に　B　未満の端数が生じたときは、これを切り捨てるものとする。

4　毎年　D　から翌年　E　までの間において上記3の規定により切り捨てた金額の合計額(　B　未満の端数が生じたときは、これを切り捨てた額)については、これを当該　E　の支払期月の年金額に加算するものとする。

選択肢

①　1円	②　1月	③　2月	④　3月
⑤　4月	⑥　5円	⑦　6月	⑧　8月
⑨　10円	⑩　10月	⑪　12月	⑫　50円
⑬　50銭	⑭　100円	⑮　500円	⑯　1,000円

⑰　毎年1月、3月、5月、7月、9月及び11月の6期

⑱　毎年2月、4月、6月、8月、10月及び12月の6期

⑲　毎年2月、6月及び10月の3期

⑳　毎年4月、8月及び12月の3期

第1章　厚生年金保険法

解　答

A　⑬　50銭　（法35条）

B　①　1円　（法35条、36条の2）

C　⑱　毎年2月、4月、6月、8月、10月及び12月の6期
　　　　（法36条）

D　④　3月　（法36条の2）

E　③　2月　（法36条の2）

完成文

1　保険給付を受ける権利を裁定する場合又は保険給付の額を改定する場合において、保険給付の額に50銭未満の端数が生じたときは、これを切り捨て、50銭以上1円未満の端数が生じたときは、これを1円に切り上げるものとする。

2　年金は、毎年2月、4月、6月、8月、10月及び12月の6期に、それぞれその前月分までを支払う。ただし、前支払期月に支払うべきであった年金又は権利が消滅した場合若しくは年金の支給を停止した場合におけるその期の年金は、支払期月でない月であっても、支払うものとする。

3　上記2の規定による支払額に1円未満の端数が生じたときは、これを切り捨てるものとする。

4　毎年3月から翌年2月までの間において上記3の規定により切り捨てた金額の合計額（1円未満の端数が生じたときは、これを切り捨てた額）については、これを当該2月の支払期月の年金額に加算するものとする。

35

第1章　厚生年金保険法

問題15　特別支給の老齢厚生年金

難易度 C

Check欄　A☐☐☐　B☐☐☐　C☐☐☐　D☐☐☐　E☐☐☐

1　　| A |　未満の者が、以下の(1)～(3)のいずれにも該当するに至ったときは、その者に特別支給の老齢厚生年金を支給する。

(1)　| B |　以上であること

(2)　| C |　以上の被保険者期間を有すること

(3)　保険料納付済期間と保険料免除期間とを合算した期間が　| D |　以上であること

2　被保険者期間を有する者であって、その者の保険料納付済期間、保険料免除期間及び　| E |　を合算した期間が　| D |　以上であるものは、上記1(3)に該当するものとみなす。

選択肢

① 1か月	② 1年	③ 5年	④ 6か月
⑤ 10年	⑥ 20年	⑦ 25年	⑧ 40歳
⑨ 40年	⑩ 45歳	⑪ 50歳	⑫ 55歳
⑬ 60歳	⑭ 65歳	⑮ 70歳	⑯ 75歳
⑰ 合算対象期間		⑱ 旧共済組合員期間	
⑲ 旧適用法人共済組合員期間		⑳ 通算対象期間	

36

第1章　厚生年金保険法

解　答

A　⑭　65歳　　　　　（法附則8条）
B　⑬　60歳　　　　　（法附則8条）
C　②　1年　　　　　（法附則8条）
D　⑤　10年　　　　　（法附則8条）
E　⑰　合算対象期間　（法附則14条）

完成文

1　65歳未満の者が、以下の(1)～(3)のいずれにも該当するに至ったときは、その者に特別支給の老齢厚生年金を支給する。

(1)　60歳以上であること

(2)　1年以上の被保険者期間を有すること

(3)　保険料納付済期間と保険料免除期間とを合算した期間が10年以上であること

2　被保険者期間を有する者であって、その者の保険料納付済期間、保険料免除期間及び合算対象期間を合算した期間が10年以上であるものは、上記1(3)に該当するものとみなす。

第1章　厚生年金保険法

問題16　定額部分の額

難易度 B

Check欄　A☐☐☐　B☐☐☐　C☐☐☐　D☐☐☐　E☐☐☐

1　法附則9条の2によれば、老齢厚生年金の定額部分の額は、　A　円に改定率を乗じて得た額に被保険者期間の月数(当該月数が　B　を超えるときは、　B　とする。)を乗じて得た額とする。

2　いわゆる中高齢の特例により老齢厚生年金の受給権を取得した者の上記1の被保険者期間の月数が　C　に満たないときは、当該月数は　C　であるものとみなされる。

3　老齢厚生年金(その年金額の計算の基礎となる被保険者期間の月数が　C　以上であるものに限る。)の額は、受給権者がその権利を取得した当時その者によって生計を維持していた65歳未満の配偶者又は子(18歳に達する日以後の最初の3月31日までの間にある子及び20歳未満で障害等級の1級若しくは2級に該当する障害の状態にある子に限る。)があるときは、老齢厚生年金の額に加給年金額が加算される。また、受給権者がその権利を取得した当時胎児であった子が出生したときは、その出生の月の翌月から年金の額が改定される。

4　加給年金額の対象者である配偶者が　D　生まれである場合には、配偶者が65歳に達した後も加給年金額が加算される。また、受給権者が　E　生まれのときは配偶者の加給年金額に特別加算が行われる。

第1章　厚生年金保険法

選択肢

A	① 1,545	② 1,628	③ 1,675	④ 2,000
B	① 300	② 360	③ 420	④ 480
C	① 180	② 200	③ 240	④ 300
D	① 昭和4年4月1日以前 ③ 昭和12年4月2日以後		② 昭和9年4月2日以後 ④ 大正15年4月1日以前	
E	① 昭和4年4月1日以前 ③ 昭和12年4月2日以後		② 昭和9年4月2日以後 ④ 大正15年4月1日以前	

第 1 章　厚生年金保険法

解　答

A	②	1,628	（法附則 9 条の 2 ）
B	④	480	（法附則 9 条の 2 ）
C	③	240	（法44条、S60法附則61条）
D	④	大正15年 4 月 1 日以前	（S60法附則60条）
E	②	昭和 9 年 4 月 2 日以後	（S60法附則60条）

第1章　厚生年金保険法

完成文

1　法附則9条の2によれば、老齢厚生年金の定額部分の額は、1,628円に改定率を乗じて得た額に被保険者期間の月数（当該月数が480を超えるときは、480とする。）を乗じて得た額とする。

2　いわゆる中高齢の特例により老齢厚生年金の受給権を取得した者の上記1の被保険者期間の月数が240に満たないときは、当該月数は240であるものとみなされる。

3　老齢厚生年金（その年金額の計算の基礎となる被保険者期間の月数が240以上であるものに限る。）の額は、受給権者がその権利を取得した当時その者によって生計を維持していた65歳未満の配偶者又は子（18歳に達する日以後の最初の3月31日までの間にある子及び20歳未満で障害等級の1級若しくは2級に該当する障害の状態にある子に限る。）があるときは、老齢厚生年金の額に加給年金額が加算される。また、受給権者がその権利を取得した当時胎児であった子が出生したときは、その出生の月の翌月から年金の額が改定される。

4　加給年金額の対象者である配偶者が大正15年4月1日以前生まれである場合には、配偶者が65歳に達した後も加給年金額が加算される。また、受給権者が昭和9年4月2日以後生まれのときは配偶者の加給年金額に特別加算が行われる。

第1章　厚生年金保険法

問題17　支給繰上げの特例　難易度 A

Check欄　A ☐☐☐　B ☐☐☐　C ☐☐☐　D ☐☐☐　E ☐☐☐

1　男子又は女子（第2号厚生年金被保険者であり、若しくは第2号厚生年金被保険者期間を有する者、第3号厚生年金被保険者であり、若しくは第3号厚生年金被保険者期間を有する者又は第4号厚生年金被保険者であり、若しくは第4号厚生年金被保険者期間を有する者に限る。）であって、昭和　A　年4月2日から昭和36年4月1日までの間に生まれた者（国民年金の任意加入被保険者でないものに限る。）は、それぞれ　B　に達する前に実施機関に老齢厚生年金の支給繰上げの請求をすることができる。

2　上記1の請求があったときは、その　C　から、その者に老齢厚生年金を支給する。

3　上記2の規定による老齢厚生年金の受給権者であって、　B　に達した日以後の被保険者期間を有するものが　D　歳に達したときは、　D　歳に達した日の属する月前における被保険者であった期間を当該老齢厚生年金の額の計算の基礎とするものとし、　D　歳に達した日の　E　から、年金の額を改定する。

42

第1章　厚生年金保険法

選択肢

A	① 26	② 27	③ 28	④ 29
B	① 60歳	② 62歳	③ 65歳	④ 支給開始年齢
C	① 請求があった日の属する月 ② 請求があった日の属する月の前月 ③ 請求があった日の属する月の翌月 ④ 請求があった日の属する月の翌年度			
D	① 65	② 68	③ 70	④ 75
E	① 属する月 ③ 属する月の翌月	② 属する月の前月 ④ 属する月の翌年度		

第1章　厚生年金保険法

解　答

A	③	28	（法附則13条の4）
B	④	支給開始年齢	（法附則13条の4）
C	①	請求があった日の属する月	（法附則13条の4）
D	①	65	（法附則13条の4）
E	③	属する月の翌月	（法附則13条の4）

第1章　厚生年金保険法

完成文

1　　男子又は女子（第_2_号厚生年金被保険者であり、若しくは第_2_号厚生年金被保険者期間を有する者、第_3_号厚生年金被保険者であり、若しくは第_3_号厚生年金被保険者期間を有する者又は第_4_号厚生年金被保険者であり、若しくは第_4_号厚生年金被保険者期間を有する者に限る。）であって、昭和28年4月2日から昭和36年4月1日までの間に生まれた者（国民年金の任意加入被保険者でないものに限る。）は、それぞれ支給開始年齢に達する前に実施機関に老齢厚生年金の支給繰上げの請求をすることができる。

2　　上記1の請求があったときは、その請求があった日の属する月から、その者に老齢厚生年金を支給する。

3　　上記2の規定による老齢厚生年金の受給権者であって、支給開始年齢に達した日以後の被保険者期間を有するものが65歳に達したときは、65歳に達した日の属する月前における被保険者であった期間を当該老齢厚生年金の額の計算の基礎とするものとし、65歳に達した日の属する月の翌月から、年金の額を改定する。

第1章　厚生年金保険法

問題18　障害者・長期加入者の特例　　難易度 B

Check欄　A ☐☐☐　B ☐☐☐　C ☐☐☐　D ☐☐☐　E ☐☐☐

1　特別支給の老齢厚生年金の受給権者が、　　A　　、かつ、傷病により障害等級　　B　　に該当する程度の障害の状態にあるとき(その傷病が治らない場合(その症状が固定し治療の効果が期待できない状態にある場合を除く。)にあっては、その傷病に係る初診日から起算して　　C　　を経過した日以後においてその傷病により障害状態にあるとき。)は、その者は、老齢厚生年金の額の計算に係る特例の適用を請求することができる。この請求があったときは、当該請求に係る老齢厚生年金の額は、特例の額とするものとし、当該　　D　　から、年金の額を改定する。

2　老齢厚生年金の受給権者又は老齢厚生年金の受給権者であった者が、次のアからウのいずれかに該当するときは、上記1の規定にかかわらず、上記1の規定による請求をすることができる。この場合において、当該アからウに規定する日に上記1の規定による請求があったものとみなす。

　ア　老齢厚生年金の受給権者となった日において、　　A　　、かつ、障害状態にあるとき(障害厚生年金等を受けることができるときに限る。)。

　イ　障害厚生年金等を受けることができることとなった日において、老齢厚生年金の受給権者であって、かつ、被保険者でないとき。

　ウ　被保険者の資格を喪失した日(引き続き被保険者であった場合には、引き続く被保険者の資格を喪失した日)において、老齢厚生年金の受給権者であって、かつ、障害状態にあるとき(障害厚生年金等を受けることができるときに限る。)。

3　特別支給の老齢厚生年金の受給権者が、その権利を取得した当時、　　A　　、かつ、その者の被保険者期間が　　E　　以上であるときは、当該老齢厚生年金の額には、老齢厚生年金の額の計算に係る特例の適用がある。

第1章　厚生年金保険法

┌─ 選択肢 ─────────────────────────────────┐

① 　1 級 　　　　　　　　　　② 　1 級、2 級又は 3 級

③ 　1 級又は 2 級 　　　　　④ 　1 年

⑤ 　1 年 6 か月 　　　　　　⑥ 　3 級

⑦ 　3 年 　　　　　　　　　⑧ 　6 か月

⑨ 　25年 　　　　　　　　　⑩ 　44年

⑪ 　45年 　　　　　　　　　⑫ 　444か月

⑬ 　受給権を取得した月 　　⑭ 　受給権を取得した月の翌月

⑮ 　所得がなく 　　　　　　⑯ 　請求があった月

⑰ 　請求があった月の翌月 　⑱ 　配偶者又は子を有し

⑲ 　被保険者であり 　　　　⑳ 　被保険者でなく

└─────────────────────────────────────┘

第1章　厚生年金保険法

解　答

A	⑳	被保険者でなく	（法附則9条の2）
B	②	1級、2級又は3級	（法附則9条の2）
C	⑤	1年6か月	（法附則9条の2）
D	⑰	請求があった月の翌月	（法附則9条の2）
E	⑩	44年	（法附則9条の3）

第1章　厚生年金保険法

完成文

1　特別支給の老齢厚生年金の受給権者が、被保険者でなく、かつ、傷病により障害等級1級、2級又は3級に該当する程度の障害の状態にあるとき（その傷病が治らない場合（その症状が固定し治療の効果が期待できない状態にある場合を除く。）にあっては、その傷病に係る初診日から起算して1年6か月を経過した日以後においてその傷病により障害状態にあるとき。）は、その者は、老齢厚生年金の額の計算に係る特例の適用を請求することができる。この請求があったときは、当該請求に係る老齢厚生年金の額は、特例の額とするものとし、当該請求があった月の翌月から、年金の額を改定する。

2　老齢厚生年金の受給権者又は老齢厚生年金の受給権者であった者が、次のアからウのいずれかに該当するときは、上記1の規定にかかわらず、上記1の規定による請求をすることができる。この場合において、当該アからウに規定する日に上記1の規定による請求があったものとみなす。

ア　老齢厚生年金の受給権者となった日において、被保険者でなく、かつ、障害状態にあるとき（障害厚生年金等を受けることができるときに限る。）。

イ　障害厚生年金等を受けることができることとなった日において、老齢厚生年金の受給権者であって、かつ、被保険者でないとき。

ウ　被保険者の資格を喪失した日（引き続き被保険者であった場合には、引き続く被保険者の資格を喪失した日）において、老齢厚生年金の受給権者であって、かつ、障害状態にあるとき（障害厚生年金等を受けることができるときに限る。）。

3　特別支給の老齢厚生年金の受給権者が、その権利を取得した当時、被保険者でなく、かつ、その者の被保険者期間が44年以上であるときは、当該老齢厚生年金の額には、老齢厚生年金の額の計算に係る特例の適用がある。

第1章　厚生年金保険法

問題19　65歳前の在職老齢年金 改正　難易度 A

Check欄　A ☐☐☐　B ☐☐☐　C ☐☐☐　D ☐☐☐　E ☐☐☐

　加給年金額が加算されていない特別支給の老齢厚生年金の受給権者が被保険者である日又は国会議員若しくは地方公共団体の議会の議員（前月以前の月に属する日から引き続き当該国会議員又は地方公共団体の議会の議員である者に限る。）である日が属する月において、その者の標準報酬月額とその月以前の　 A 　の標準賞与額の総額を12で除して得た額を合算した額（以下「総報酬月額相当額」という。）と　 B 　を12で除して得た額（以下「基本月額」という。）との合計額が　 C 　（現在50万円）を超えるときは、その月の分の当該老齢厚生年金について、総報酬月額相当額と基本月額との合計額から　 C 　を控除して得た額の　 D 　に相当する額に12を乗じて得た額（「　 E 　」という。）に相当する部分の支給を停止する。

選択肢

① 1年間　　　　　　　　　　② 2分の1

③ 3か月　　　　　　　　　　④ 3年間

⑤ 3分の1　　　　　　　　　⑥ 3分の2

⑦ 4分の1　　　　　　　　　⑧ 6か月

⑨ 基準年度以後特別調整額　　⑩ 支給停止基準額

⑪ 支給停止調整開始額　　　　⑫ 支給停止調整額

⑬ 総報酬額

⑭ 総報酬月額相当額と基本月額の合計額

⑮ 調整額　　　　　　　　　　⑯ 特別調整額

⑰ 老齢厚生年金の額　　　　　⑱ 老齢厚生年金の額の70％相当額

⑲ 老齢厚生年金の額の80％相当額

⑳ 老齢厚生年金の額の90％相当額

第1章　厚生年金保険法

解　答

A	①	１年間	（法46条）
B	⑰	老齢厚生年金の額	（法附則11条）
C	⑫	支給停止調整額	（法附則11条）
D	②	２分の１	（法附則11条）
E	⑩	支給停止基準額	（法附則11条）

完成文

　加給年金額が加算されていない特別支給の老齢厚生年金の受給権者が被保険者である日又は国会議員若しくは地方公共団体の議会の議員（前月以前の月に属する日から引き続き当該国会議員又は地方公共団体の議会の議員である者に限る。）である日が属する月において、その者の標準報酬月額とその月以前の１年間の標準賞与額の総額を12で除して得た額を合算した額（以下「総報酬月額相当額」という。）と老齢厚生年金の額を12で除して得た額（以下「基本月額」という。）との合計額が支給停止調整額（現在50万円）を超えるときは、その月の分の当該老齢厚生年金について、総報酬月額相当額と基本月額との合計額から支給停止調整額を控除して得た額の２分の１に相当する額に12を乗じて得た額（「支給停止基準額」という。）に相当する部分の支給を停止する。

第1章　厚生年金保険法

問題20　基本手当との調整

難易度 **A**

Check欄　A□□□□　B□□□□　C□□□□　D□□□□　E□□□□

　老齢厚生年金の受給権者が雇用保険法の規定による求職の申込みをしたことにより、当該老齢厚生年金の支給が停止されている場合において、当該受給資格に係る　　A　　が経過したときに、調整対象期間のうち、当該老齢厚生年金の支給が停止された月（以下「年金停止月」という。）の数から当該老齢厚生年金の受給権者が　　B　　の数を　　C　　で除して得た数（1未満の端数が生じたときは、これを1に切り上げるものとする。）を控除して得た数が　　D　　以上であるときは、年金停止月のうち、当該控除して得た数に相当する月数分の　　E　　については、老齢厚生年金の支給停止が行われなかったものとみなす。

選択肢

① 0.1　　　② 1　　　③ 3　　　④ 10　　　⑤ 30
⑥ 360　　　⑦ 各月　　　⑧ 基本手当の支給を受けた日
⑨ 基本手当の支給を受けた日及びこれに準ずる日として政令で定める日
⑩ 基本手当の支給を受けた日とみなされる日
⑪ 基本手当の支給を受けた日とみなされる日及びこれに準ずる日として政令で定める日
⑫ 給付制限期間　　　⑬ 最初の月からの各月
⑭ 算定対象期間　　　⑮ 受給期間
⑯ 選択する各月　　　⑰ 総日数
⑱ 待期期間　　　　　⑲ 直近の各月
⑳ 年金停止月の数

52

第1章　厚生年金保険法

解　答

A　⑮　受給期間　　　（法附則7条の4、11条の5）
B　⑩　基本手当の支給を受けた日とみなされる日
　　　　　　　　　　　　　　（法附則7条の4、11条の5）
C　⑤　30　　　　　　（法附則7条の4、11条の5）
D　②　1　　　　　　（法附則7条の4、11条の5）
E　⑲　直近の各月　（法附則7条の4、11条の5）

完成文

　老齢厚生年金の受給権者が雇用保険法の規定による**求職の申込み**をしたことにより、当該老齢厚生年金の支給が停止されている場合において、当該受給資格に係る受給期間が経過したときに、調整対象期間のうち、当該老齢厚生年金の支給が停止された月（以下「年金停止月」という。）の数から当該老齢厚生年金の受給権者が基本手当の支給を受けた日とみなされる日の数を30で除して得た数（1未満の端数が生じたときは、これを**1に切り上げ**るものとする。）を控除して得た数が1以上であるときは、年金停止月のうち、当該控除して得た数に相当する月数分の直近の各月については、老齢厚生年金の支給停止が行われなかったものとみなす。

第1章　厚生年金保険法

問題21　高年齢雇用継続給付との調整　難易度 A

Check欄　A□□□□　B□□□□　C□□□□　D□□□□　E□□□

1　老齢厚生年金の受給権者が被保険者である日が属する月について、その者が雇用保険法に規定する高年齢雇用継続基本給付金の支給を受けることができるときは、その月の分の当該老齢厚生年金について、当該受給権者に係る　A　が、　B　に30を乗じて得た額の100分の61相当額未満であるときは、当該受給権者に係る　A　に　C　を乗じて得た額が、高年齢雇用継続基本給付金との調整額となる。

2　老齢厚生年金の受給権者に係る　A　が　B　に30を乗じて得た額の　D　相当額以上であるとき又は当該老齢厚生年金の受給権者に係る　A　が　E　以上であるときは、高年齢雇用継続基本給付金との調整は行われない。

選択肢

① 100分の 2　　② 100分の 6
③ 100分の10　　④ 100分の15
⑤ 100分の60　　⑥ 100分の65
⑦ 100分の70　　⑧ 100分の75
⑨ 基本手当日額　　⑩ 現金給与総額
⑪ 支給限度額　　⑫ 支給対象月の賃金
⑬ 総報酬月額相当額　　⑭ 賃金日額
⑮ 標準報酬月額　　⑯ 平均給与額
⑰ 平均定期給与額　　⑱ 平均標準報酬額
⑲ 報酬月額　　⑳ みなし賃金日額

第1章　厚生年金保険法

解答

A	⑮	標準報酬月額	（法附則11条の6、7条の5）
B	⑳	みなし賃金日額	（法附則11条の6、7条の5）
C	②	100分の6	（法附則11条の6、7条の5）
D	⑧	100分の75	（法附則11条の6、7条の5）
E	⑪	支給限度額	（法附則11条の6、7条の5）

完成文

1　老齢厚生年金の受給権者が被保険者である日が属する月について、その者が雇用保険法に規定する高年齢雇用継続基本給付金の支給を受けることができるときは、その月の分の当該老齢厚生年金について、当該受給権者に係る標準報酬月額が、みなし賃金日額に30を乗じて得た額の100分の61相当額未満であるときは、当該受給権者に係る標準報酬月額に100分の6を乗じて得た額が、高年齢雇用継続基本給付金との調整額となる。

2　老齢厚生年金の受給権者に係る標準報酬月額がみなし賃金日額に30を乗じて得た額の100分の75相当額以上であるとき又は当該老齢厚生年金の受給権者に係る標準報酬月額が支給限度額以上であるときは、高年齢雇用継続基本給付金との調整は行われない。

第1章　厚生年金保険法

問題22　65歳からの老齢厚生年金の額　　難易度 B

Check欄　A ☐☐☐　B ☐☐☐　C ☐☐☐　D ☐☐☐　E ☐☐☐

1　法43条によれば、老齢厚生年金の額は、被保険者であった全期間の
　　　 A 　 の 　 B 　 に相当する額に被保険者期間の月数を乗じて得た
額とする。

2　　 A 　 とは、被保険者期間の計算の基礎となる各月の標準報酬月額
と標準賞与額に、受給権者の生年月日区分に応じて、それぞれ定められて
いる 　 C 　 を乗じて得た額の総額を、当該被保険者期間の月数で除し
て得た額をいう。

3　受給権者が 　 D 　 (基準日)において被保険者である場合(基準日に
被保険者の資格を取得した場合を除く。)の老齢厚生年金の額は、基準日の
属する月前の被保険者であった期間をその計算の基礎とするものとし、基
準日の属する月の翌月から、年金の額を改定する。ただし、基準日が被保
険者の資格を喪失した日から再び被保険者の資格を取得した日までの間に
到来し、かつ、当該被保険者の資格を喪失した日から再び被保険者の資格
を取得した日までの期間が 　 E 　 以内である場合は、基準日の属する
月前の被保険者であった期間を老齢厚生年金の額の計算の基礎とするもの
とし、基準日の属する月の翌月から、年金の額を改定する。

4　被保険者である受給権者がその被保険者の資格を喪失し、かつ、被保険
者となることなくして被保険者の資格を喪失した日から起算して
　　 E 　 を経過したときは、その被保険者の資格を喪失した月前におけ
る被保険者であった期間を老齢厚生年金の額の計算の基礎とするものと
し、資格を喪失した日(その事業所又は船舶に使用されなくなったとき、
適用事業所でなくすること又は被保険者の資格を喪失することの認可が
あったとき、適用除外の規定に該当するに至ったときにあっては、その
日)から起算して 　 E 　 を経過した日の属する月から、年金の額を改

第1章　厚生年金保険法

定する。

選択肢

①	1か月	②	1年
③	3か月	④	10日
⑤	1000分の5.481	⑥	1000分の7.125
⑦	1000分の7.5	⑧	1000分の10
⑨	改定率	⑩	基準標準給与月額
⑪	再評価率	⑫	修正率
⑬	標準報酬月額	⑭	平均標準報酬額
⑮	平均標準報酬月額	⑯	補正率
⑰	毎月15日	⑱	毎年4月1日
⑲	毎年7月1日	⑳	毎年9月1日

第1章　厚生年金保険法

解　答

A　⑭　**平均標準報酬額**　　（法43条）
B　⑤　**1000分の5.481**　　（法43条）
C　⑪　**再評価率**　　（法43条）
D　⑳　**毎年9月1日**　　（法43条）
E　①　**1か月**　　（法43条）

第1章　厚生年金保険法

完成文

1　法43条によれば、老齢厚生年金の額は、被保険者であった全期間の平均標準報酬額の1000分の5.481に相当する額に被保険者期間の月数を乗じて得た額とする。

2　平均標準報酬額とは、被保険者期間の計算の基礎となる各月の標準報酬月額と標準賞与額に、受給権者の生年月日区分に応じて、それぞれ定められている再評価率を乗じて得た額の総額を、当該被保険者期間の月数で除して得た額をいう。

3　受給権者が毎年9月1日(基準日)において被保険者である場合(基準日に被保険者の資格を取得した場合を除く。)の老齢厚生年金の額は、基準日の属する月前の被保険者であった期間をその計算の基礎とするものとし、基準日の属する月の翌月から、年金の額を改定する。ただし、基準日が被保険者の資格を喪失した日から再び被保険者の資格を取得した日までの間に到来し、かつ、当該被保険者の資格を喪失した日から再び被保険者の資格を取得した日までの期間が1か月以内である場合は、基準日の属する月前の被保険者であった期間を老齢厚生年金の額の計算の基礎とするものとし、基準日の属する月の翌月から、年金の額を改定する。

4　被保険者である受給権者がその被保険者の資格を喪失し、かつ、被保険者となることなくして被保険者の資格を喪失した日から起算して1か月を経過したときは、その被保険者の資格を喪失した月前における被保険者であった期間を老齢厚生年金の額の計算の基礎とするものとし、資格を喪失した日(その事業所又は船舶に使用されなくなったとき、適用事業所でなくすること又は被保険者の資格を喪失することの認可があったとき、適用除外の規定に該当するに至ったときにあっては、その日)から起算して1か月を経過した日の属する月から、年金の額を改定する。

59

第1章　厚生年金保険法

問題23　経過的加算

難易度 B

Check欄 A □□□□ B □□□□ C □□□□ D □□□□ E □□□□

　老齢厚生年金の額は、(1)の額が(2)の額を超えるときは、法43条第1項(老齢厚生年金の額)等の規定に定める額に(1)の額から(2)の額を控除して得た額を加算した額とする。

(1)　| A |　円に改定率を乗じて得た額に厚生年金保険の被保険者期間の月数(当該月数が　| B |　を超えるときは、　| B |　とする。)を乗じて得た額

(2)　老齢基礎年金の満額にアの数をイの数で除して得た数を乗じて得た額

　ア　厚生年金保険の被保険者期間のうち　| C |　4月1日以後の期間に係るもの(当該被保険者期間の計算について第3種被保険者の特例の適用があった場合にはその適用がないものとして計算した被保険者期間とし、　| D |　に達した日の属する月前の期間及び　| E |　に達した日の属する月以後の期間に係るもの等を除く。)の月数

　イ　附則別表第8に定める月数(老齢基礎年金の加入可能月数)

選択肢

①	444	②	456	③	468	④	480
⑤	1,545	⑥	1,628	⑦	1,675	⑧	2,000
⑨	20歳	⑩	22歳	⑪	25歳	⑫	30歳
⑬	55歳	⑭	60歳	⑮	65歳	⑯	70歳
⑰	昭和16年	⑱	昭和21年	⑲	昭和36年		
⑳	昭和41年						

第1章　厚生年金保険法

解　答

A	⑥	1,628	（S60法附則59条）
B	④	480	（S60法附則59条）
C	⑲	昭和36年	（S60法附則59条）
D	⑨	20歳	（S60法附則59条）
E	⑭	60歳	（S60法附則59条）

完成文

　老齢厚生年金の額は、(1)の額が(2)の額を超えるときは、法43条第1項（老齢厚生年金の額）等の規定に定める額に(1)の額から(2)の額を控除して得た額を加算した額とする。

(1)　1,628円に改定率を乗じて得た額に厚生年金保険の被保険者期間の月数（当該月数が480を超えるときは、480とする。）を乗じて得た額

(2)　老齢基礎年金の満額にアの数をイの数で除して得た数を乗じて得た額

　ア　厚生年金保険の被保険者期間のうち昭和36年4月1日以後の期間に係るもの（当該被保険者期間の計算について第3種被保険者の特例の適用があった場合にはその適用がないものとして計算した被保険者期間とし、20歳に達した日の属する月前の期間及び60歳に達した日の属する月以後の期間に係るもの等を除く。）の月数

　イ　附則別表第8に定める月数（老齢基礎年金の加入可能月数）

61

第1章　厚生年金保険法

問題24　老齢厚生年金の支給の繰下げ　　難易度 B

Check欄　A ☐☐☐　B ☐☐☐　C ☐☐☐　D ☐☐☐　E ☐☐☐

1　老齢厚生年金の受給権を有する者であってその受給権を取得した日から起算して　A　を経過した日（以下「　A　を経過した日」という。）前に当該老齢厚生年金を請求していなかったものは、実施機関に当該老齢厚生年金の支給繰下げの申出をすることができる。ただし、その者が当該老齢厚生年金の受給権を取得したときに、他の年金たる給付（他の年金たる保険給付又は国民年金法による年金たる給付（老齢基礎年金及び　B　を除く。）をいう。以下同じ。）の受給権者であったとき、又は当該老齢厚生年金の受給権を取得した日から　A　を経過した日までの間において他の年金たる給付の受給権者となったときは、この限りでない。

2　　A　を経過した日後に次のア・イに掲げる者が上記1の申出（下記5の規定により上記1の申出があったものとみなされた場合における当該申出を除く。以下2において同じ。）をしたときは、当該ア・イに定める日において、上記1の申出があったものとみなす。

ア　老齢厚生年金の受給権を取得した日から起算して　C　を経過した日（イにおいて「　C　を経過した日」という。）前に他の年金たる給付の受給権者となった者…他の年金たる給付を支給すべき事由が生じた日

イ　　C　を経過した日後にある者（アに該当する者を除く。）…　C　を経過した日

3　上記1の申出（下記5の規定により上記1の申出があったものとみなされた場合における当該申出を含む。下記4において同じ。）をした者に対する老齢厚生年金の支給は、当該申出のあった　D　から始めるものとする。

62

第1章　厚生年金保険法

4　上記1の申出をした者に支給する老齢厚生年金の額は、第43条第1項及び第44条の規定にかかわらず、これらの規定により計算した額に、老齢厚生年金の受給権を取得した日の属する月（以下「受給権取得月」という。）の前月までの被保険者期間を基礎として第43条第1項の規定によって計算した額に平均支給率を乗じて得た額に増額率（　　E　　に受給権取得月から上記1の申出（下記5の規定により上記1の申出があったものとみなされた場合における当該申出を含む。）をした日の属する月の前月までの月数（当該月数が120を超えるときは、120）を乗じて得た率をいう。）を乗じて得た額を加算した額とする。

5　上記1の規定により老齢厚生年金の支給繰下げの申出をすることができる者が、その受給権を取得した日から起算して5年を経過した日後に当該老齢厚生年金を請求し、かつ、当該請求の際に上記1の申出をしないときは、当該請求をした日の5年前の日に上記1の申出があったものとみなす。ただし、その者が次の各号のいずれかに該当する場合は、この限りでない。

一　当該老齢厚生年金の受給権を取得した日から起算して15年を経過した日以後にあるとき。

二　当該請求をした日の5年前の日以前に他の年金たる給付の受給権者であったとき。

選択肢

①　1年		②　1年6か月		③　2年	
④　3年		⑤　4年		⑥　6か月	
⑦　7年		⑧　10年		⑨　1000分の3	
⑩　1000分の5		⑪　1000分の7		⑫　1000分の9	
⑬　寡婦年金並びに遺族基礎年金					
⑭　障害基礎年金並びに遺族基礎年金				⑮　月	
⑯　月の前月		⑰　月の翌月		⑱　月の翌々月	
⑲　付加年金並びに遺族基礎年金					
⑳　付加年金並びに障害基礎年金					

第1章　厚生年金保険法

解　答

A	①	1年	（法44条の3）
B	⑳	付加年金並びに障害基礎年金	（法44条の3）
C	⑧	10年	（法44条の3）
D	⑰	月の翌月	（法44条の3）
E	⑪	1000分の7	（令3条の5の2）

完成文

1　老齢厚生年金の受給権を有する者であってその受給権を取得した日から起算して1年を経過した日（以下「1年を経過した日」という。）前に当該老齢厚生年金を請求していなかったものは、実施機関に当該老齢厚生年金の支給繰下げの**申出**をすることができる。ただし、その者が当該老齢厚生年金の受給権を取得したときに、他の年金たる給付（他の年金たる保険給付又は国民年金法による年金たる給付（**老齢基礎年金**及び付加年金並びに障害基礎年金を除く。）をいう。以下同じ。）の受給権者であったとき、又は当該老齢厚生年金の受給権を取得した日から1年を経過した日までの間において他の年金たる給付の受給権者となったときは、この限りでない。

2　1年を経過した日後に次のア・イに掲げる者が上記1の**申出**（下記5の規定により上記1の**申出**があったものとみなされた場合における当該**申出**を除く。以下2において同じ。）をしたときは、当該ア・イに定める日において、上記1の**申出**があったものとみなす。

　ア　老齢厚生年金の受給権を取得した日から起算して10年を経過した日（イにおいて「10年を経過した日」という。）前に他の年金たる給付の受給権者となった者…**他の年金たる給付を支給すべき事由が生じた日**

　イ　10年を経過した日後にある者（アに該当する者を除く。）…10年を経過した日

3　上記1の**申出**（下記5の規定により上記1の**申出**があったものとみなされた場合における当該**申出**を含む。下記4において同じ。）をした者に対す

る老齢厚生年金の支給は、当該申出のあった月の翌月から始めるものとする。

4　上記1の申出をした者に支給する老齢厚生年金の額は、第43条第1項及び第44条の規定にかかわらず、これらの規定により計算した額に、老齢厚生年金の受給権を取得した日の属する月（以下「受給権取得月」という。）の前月までの被保険者期間を基礎として第43条第1項の規定によって計算した額に平均支給率を乗じて得た額に増額率(1000分の7に受給権取得月から上記1の申出（下記5の規定により上記1の申出があったものとみなされた場合における当該申出を含む。）をした日の属する月の前月までの月数（当該月数が120を超えるときは、120)を乗じて得た率をいう。）を乗じて得た額を加算した額とする。

5　上記1の規定により老齢厚生年金の支給繰下げの申出をすることができる者が、その受給権を取得した日から起算して5年を経過した日後に当該老齢厚生年金を請求し、かつ、当該請求の際に上記1の申出をしないときは、当該請求をした日の5年前の日に上記1の申出があったものとみなす。ただし、その者が次の各号のいずれかに該当する場合は、この限りでない。

一　当該老齢厚生年金の受給権を取得した日から起算して15年を経過した日以後にあるとき。

二　当該請求をした日の5年前の日以前に他の年金たる給付の受給権者であったとき。

第1章　厚生年金保険法

問題25　老齢厚生年金の支給の繰上げ　　難易度 **B**

Check欄　A□□□□　B□□□□　C□□□□　D□□□□　E□□□□

1　以下ア～エに掲げる者であって、被保険者期間を有し、かつ、60歳以上65歳未満であるもの（　A　　でないものに限る。）は、政令で定めるところにより、65歳に達する前に、実施機関に当該ア～エに掲げる者の区分に応じ当該者の被保険者の種別に係る被保険者期間に基づく老齢厚生年金の支給繰上げの請求をすることができる。ただし、その者が、その請求があった日の前日において、老齢厚生年金の受給資格期間を満たさないときは、この限りでない。

　ア　男子又は女子（第2号厚生年金被保険者であり、若しくは第2号厚生年金被保険者期間を有する者、第3号厚生年金被保険者であり、若しくは第3号厚生年金被保険者期間を有する者又は第4号厚生年金被保険者であり、若しくは第4号厚生年金被保険者期間を有する者に限る。）であって　B　　4月2日以後に生まれた者（ウ及びエに掲げる者を除く。）

　イ　女子（第1号厚生年金被保険者であり、又は第1号厚生年金被保険者期間を有する者に限る。）であって　C　　4月2日以後に生まれた者（ウ及びエに掲げる者を除く。）

　ウ　坑内員たる被保険者であった期間と船員たる被保険者であった期間とを合算した期間が15年以上である者であって、　C　　4月2日以後に生まれたもの（エに掲げる者を除く。）

　エ　特定警察職員等である者で昭和42年4月2日以後に生まれたもの

2　老齢厚生年金の支給の繰上げの際に減ずる額は、請求日の属する月の前月までの厚生年金保険の被保険者期間を基礎として法43条1項の規定によって計算した額に減額率（　D　　に請求日の属する月から　E　　に達する日の属する月の前月までの月数を乗じて得た率をい

第1章　厚生年金保険法

う。)を乗じて得た額とする。

選択肢

① 64歳 　　　② 65歳 　　　③ 66歳

④ 70歳 　　　⑤ 1000分の1 　　　⑥ 1000分の4

⑦ 1000分の5 　　　⑧ 1000分の7

⑨ 厚生年金保険の被保険者

⑩ 国民年金の第2号被保険者

⑪ 国民年金の任意加入被保険者 　　　⑫ 国民年金の被保険者

⑬ 昭和16年 　　　⑭ 昭和21年 　　　⑮ 昭和24年

⑯ 昭和28年 　　　⑰ 昭和29年 　　　⑱ 昭和33年

⑲ 昭和36年 　　　⑳ 昭和41年

第1章　厚生年金保険法

解　答

A	⑪	国民年金の任意加入被保険者	（法附則7条の3）
B	⑲	昭和36年	（法附則7条の3）
C	⑳	昭和41年	（法附則7条の3）
D	⑥	1000分の4	（令6条の3）
E	②	65歳	（令6条の3）

―― 第1章　厚生年金保険法

完成文

1　以下ア～エに掲げる者であって、被保険者期間を有し、かつ、60歳以上65歳未満であるもの（国民年金の任意加入被保険者でないものに限る。）は、政令で定めるところにより、65歳に達する前に、実施機関に当該ア～エに掲げる者の区分に応じ当該者の被保険者の種別に係る被保険者期間に基づく老齢厚生年金の支給繰上げの**請求**をすることができる。ただし、その者が、その**請求**があった日の前日において、老齢厚生年金の受給資格期間を満たさないときは、この限りでない。

ア　**男子**又は**女子**（第**2**号厚生年金被保険者であり、若しくは第**2**号厚生年金被保険者期間を有する者、第**3**号厚生年金被保険者であり、若しくは第**3**号厚生年金被保険者期間を有する者又は第**4**号厚生年金被保険者であり、若しくは第**4**号厚生年金被保険者期間を有する者に限る。）であって昭和36年4月2日以後に生まれた者（ウ及びエに掲げる者を除く。）

イ　**女子**（第**1**号厚生年金被保険者であり、又は第**1**号厚生年金被保険者期間を有する者に限る。）であって昭和41年4月2日以後に生まれた者（ウ及びエに掲げる者を除く。）

ウ　**坑内員**たる被保険者であった期間と**船員**たる被保険者であった期間とを合算した期間が**15**年以上である者であって、昭和41年4月2日以後に生まれたもの（エに掲げる者を除く。）

エ　**特定警察職員等**である者で**昭和42年**4月2日以後に生まれたもの

2　老齢厚生年金の支給の繰上げの際に減ずる額は、請求日の属する月の**前月**までの厚生年金保険の被保険者期間を基礎として法43条1項の規定によって計算した額に減額率（1000分の4に請求日の属する**月**から65歳に達する日の属する**月の前月**までの月数を乗じて得た率をいう。）を乗じて得た額とする。

69

第1章　厚生年金保険法

問題26　65歳以後の在職老齢年金 改正　難易度 A

Check欄　A ☐☐☐　B ☐☐☐　C ☐☐☐　D ☐☐☐　E ☐☐☐

　老齢厚生年金の受給権者が被保険者(前月以前の月に属する日から引き続き当該被保険者の資格を有する者に限る。)である日(厚生労働省令で定める日を除く。)、国会議員若しくは地方公共団体の議会の議員(前月以前の月に属する日から引き続き当該国会議員又は地方公共団体の議会の議員である者に限る。)である日又は70歳以上の使用される者(前月以前の月に属する日から引き続き当該適用事業所において法第27条の厚生労働省令で定める要件に該当する者に限る。)である日が属する月において、その者の　A　とその月以前の1年間の標準賞与額の総額を12で除して得た額とを合算して得た額(国会議員又は地方公共団体の議会の議員については、その者の　A　に相当する額として政令で定める額とその月以前の1年間の標準賞与額及び標準賞与額に相当する額として政令で定める額の総額を12で除して得た額とを合算して得た額とし、70歳以上の使用される者(国会議員又は地方公共団体の議会の議員を除く。)については、その者の　A　に相当する額とその月以前の1年間の標準賞与額及び標準賞与額に相当する額の総額を12で除して得た額とを合算して得た額とする。以下「総報酬月額相当額」という。)及び老齢厚生年金の額(加給年金額、繰下げ加算額及び経過的加算額を除く。以下同じ。)を12で除して得た　B　(以下「　C　」という。)との合計額が　D　(現在50万円)を超えるときは、その月の分の当該老齢厚生年金について、総報酬月額相当額と　C　との合計額から　D　を控除して得た額の　E　に相当する額に12を乗じて得た額(以下「支給停止基準額」という。)に相当する部分の支給を停止する。ただし、支給停止基準額が老齢厚生年金の額以上であるときは、老齢厚生年金の全部(繰下げ加算額及び経過的加算額を除く。)の支給を停止するものとする。

第1章　厚生年金保険法

選択肢

① 　2分の1
② 　3分の2
③ 　4分の3
④ 100分の20
⑤ 額
⑥ 額の100分の60に相当する額
⑦ 額の100分の80に相当する額
⑧ 額の100分の85に相当する額
⑨ 基準月額
⑩ 基準標準給与月額
⑪ 基礎月額
⑫ 基本月額
⑬ 支給停止基準額
⑭ 支給停止調整開始額
⑮ 支給停止調整額
⑯ 支給停止調整変更額
⑰ 総報酬月額相当額
⑱ 標準月額
⑲ 標準報酬月額
⑳ 平均標準報酬額

第1章　厚生年金保険法

解　答

A	⑲	標準報酬月額	（法46条）
B	⑤	額	（法46条）
C	⑫	基本月額	（法46条）
D	⑮	支給停止調整額	（法46条）
E	①	2分の1	（法46条）

第1章　厚生年金保険法

完成文

　老齢厚生年金の受給権者が被保険者（前月以前の月に属する日から引き続き当該被保険者の資格を有する者に限る。）である日（厚生労働省令で定める日を除く。）、国会議員若しくは地方公共団体の議会の議員（前月以前の月に属する日から引き続き当該国会議員又は地方公共団体の議会の議員である者に限る。）である日又は**70**歳以上の使用される者（前月以前の月に属する日から引き続き当該適用事業所において法第27条の厚生労働省令で定める要件に該当する者に限る。）である日が属する月において、その者の標準報酬月額とその月以前の**1年**間の標準賞与額の総額を12で除して得た額とを合算して得た額（国会議員又は地方公共団体の議会の議員については、その者の標準報酬月額に相当する額として政令で定める額とその月以前の**1年**間の標準賞与額及び標準賞与額に相当する額として政令で定める額の総額を12で除して得た額とを合算して得た額とし、70歳以上の使用される者（国会議員又は地方公共団体の議会の議員を除く。）については、その者の標準報酬月額に相当する額とその月以前の**1年**間の標準賞与額及び標準賞与額に相当する額の総額を12で除して得た額とを合算して得た額とする。以下「総報酬月額相当額」という。）及び老齢厚生年金の額（**加給年金額**、**繰下げ加算額**及び**経過的加算額**を除く。以下同じ。）を12で除して得た額（以下「基本月額」という。）との合計額が支給停止調整額（現在**50**万円）を超えるときは、その月の分の当該老齢厚生年金について、総報酬月額相当額と基本月額との合計額から支給停止調整額を控除して得た額の2分の1に相当する額に12を乗じて得た額（以下「**支給停止基準額**」という。）に相当する部分の支給を停止する。ただし、**支給停止基準額**が老齢厚生年金の額以上であるときは、老齢厚生年金の全部（**繰下げ加算額**及び**経過的加算額**を除く。）の支給を停止するものとする。

第1章　厚生年金保険法

問題27　障害厚生年金の受給権者

難易度 C

Check欄　A□□□　B□□□　C□□□　D□□□　E□□□

1　障害厚生年金は、傷病につき初めて医師又は歯科医師の診療を受けた日（初診日）において厚生年金保険の被保険者であった者が、当該初診日から起算して　A　を経過した日（その期間内にその傷病が治った日（その症状が固定し治療の効果が期待できない状態に至った日を含む。）があるときは、その日とし、「障害認定日」という。）において、その傷病により障害等級に該当する程度の障害の状態にある場合に、その障害の程度に応じて、その者に支給する。

　　ただし、当該傷病に係る　B　において、当該初診日の属する　C　までに国民年金の被保険者期間があり、かつ、当該被保険者期間に係る保険料納付済期間と保険料免除期間とを合算した期間が当該被保険者期間の　D　に満たないときは、この限りでない。

2　障害等級は、障害の程度に応じて重度のものから　E　とし、各級の障害の状態は、政令で定める。

選択肢

① 1級及び2級	② 1級から3級	③ 1級から5級
④ 1級から7級	⑤ 1年	⑥ 1年6か月
⑦ 2分の1	⑧ 3年	⑨ 3分の1
⑩ 3分の2	⑪ 4分の3	⑫ 6か月
⑬ 障害認定日	⑭ 障害認定日の前日	⑮ 初診日
⑯ 初診日の前日	⑰ 月	⑱ 月の前月
⑲ 月の前々月	⑳ 月の翌月	

74

——————————————————————— 第1章　厚生年金保険法

解　答

A　⑥　１年６か月　　（法47条）
B　⑯　初診日の前日　　（法47条）
C　⑲　月の前々月　　（法47条）
D　⑩　３分の２　　（法47条）
E　②　１級から３級　　（法47条）

完成文

1　障害厚生年金は、傷病につき初めて医師又は歯科医師の診療を受けた日（初診日）において厚生年金保険の被保険者であった者が、当該初診日から起算して１年６か月を経過した日（その期間内にその傷病が治った日（その症状が固定し治療の効果が期待できない状態に至った日を含む。）があるときは、その日とし、「障害認定日」という。）において、その傷病により障害等級に該当する程度の障害の状態にある場合に、その障害の程度に応じて、その者に支給する。

　　ただし、当該傷病に係る初診日の前日において、当該初診日の属する月の前々月までに国民年金の被保険者期間があり、かつ、当該被保険者期間に係る保険料納付済期間と保険料免除期間とを合算した期間が当該被保険者期間の３分の２に満たないときは、この限りでない。

2　障害等級は、障害の程度に応じて重度のものから１級から３級とし、各級の障害の状態は、政令で定める。

75

第1章　厚生年金保険法

問題28　障害厚生年金の額

難易度 C

Check欄　A ☐☐☐　B ☐☐☐　C ☐☐☐　D ☐☐☐　E ☐☐☐

1　障害厚生年金の額は、法43条１項（老齢厚生年金の額）の規定により計算した額とする。この場合において、当該障害厚生年金の額の計算の基礎となる被保険者期間の月数が　 A 　に満たないときは、これを　 A 　とする。

2　障害の程度が障害等級の１級に該当する者に支給する障害厚生年金の額は、上記１の額の　 B 　に相当する額とする。

3　障害厚生年金の給付事由となった障害について障害基礎年金を受けることができない場合において、障害厚生年金の額が２級の障害基礎年金の額に　 C 　を乗じて得た額に満たないときは、当該額を上記１・２の額とする。

4　障害の程度が障害等級の　 D 　に該当する者に支給する障害厚生年金の額は、受給権者によって生計を維持しているその者の65歳未満の配偶者があるときは、加給年金額を加算する。

5　上記１に定める障害厚生年金の額については、当該障害厚生年金の支給事由となった障害に係る　 E 　における被保険者であった期間は、その計算の基礎としない。

76

第1章　厚生年金保険法

―選択肢―

① 　2
② 　240
③ 　300
④ 　360
⑤ 　480
⑥ 　1級
⑦ 　1級又は2級
⑧ 　2級又は3級
⑨ 　2分の1
⑩ 　3級
⑪ 　3分の2
⑫ 　4分の3
⑬ 　100分の100
⑭ 　100分の125
⑮ 　100分の150
⑯ 　100分の250
⑰ 　障害認定日の属する月以後
⑱ 　障害認定日の属する月後
⑲ 　初診日の属する月以後
⑳ 　初診日の属する月後

第1章　厚生年金保険法

解　答

A	③	300	（法50条）
B	⑭	100分の125	（法50条）
C	⑫	4分の3	（法50条）
D	⑦	1級又は2級	（法50条の2）
E	⑱	障害認定日の属する月後	（法51条）

第1章　厚生年金保険法

完成文

1　障害厚生年金の額は、法43条1項(老齢厚生年金の額)の規定により計算した額とする。この場合において、当該障害厚生年金の額の計算の基礎となる被保険者期間の月数が300に満たないときは、これを300とする。

2　障害の程度が障害等級の1級に該当する者に支給する障害厚生年金の額は、上記1の額の100分の125に相当する額とする。

3　障害厚生年金の給付事由となった障害について障害基礎年金を受けることができない場合において、障害厚生年金の額が2級の障害基礎年金の額に4分の3を乗じて得た額に満たないときは、当該額を上記1・2の額とする。

4　障害の程度が障害等級の1級又は2級に該当する者に支給する障害厚生年金の額は、受給権者によって生計を維持しているその者の65歳未満の配偶者があるときは、加給年金額を加算する。

5　上記1に定める障害厚生年金の額については、当該障害厚生年金の支給事由となった障害に係る障害認定日の属する月後における被保険者であった期間は、その計算の基礎としない。

79

第1章　厚生年金保険法

問題29　障害厚生年金の額の改定　　　難易度 B

Check欄　A ☐☐☐　B ☐☐☐　C ☐☐☐　D ☐☐☐　E ☐☐☐

1　実施機関は、障害厚生年金の受給権者について、その障害の程度を診査し、その程度が従前の障害等級以外の障害等級に該当すると認めるときは、その程度に応じて、障害厚生年金の額を改定することができる。

2　障害厚生年金の受給権者は、実施機関に対し、障害の程度が　A　したことによる障害厚生年金の額の改定を請求することができる。

3　上記2の請求は、障害厚生年金の受給権者の　B　場合として厚生労働省令で定める場合を除き、当該障害厚生年金の受給権を取得した日又は上記1の規定による実施機関の診査を受けた日から起算して　C　を経過した日後でなければ行うことができない。

4　上記1により障害厚生年金の額が改定されたときは、改定後の額による障害厚生年金の支給は、改定が行われた　D　から始めるものとする。

5　上記1～4の規定は、　E　以上の者であって、かつ、障害厚生年金の受給権者(当該障害厚生年金と同一の支給事由に基づく障害基礎年金の受給権を有しないものに限る。)については、適用しない。

選択肢

① 　1 年　　　　　　② 　1 年 6 か月　　　③ 　5 年　　　　　　④ 　6 か月
⑤ 　55歳　　　　　⑥ 　60歳　　　　　　⑦ 　65歳　　　　　⑧ 　70歳
⑨ 　改善　　　　　⑩ 　軽減　　　　　　⑪ 　固定
⑫ 　財産が災害等により著しく損害を受けた
⑬ 　障害の程度が軽減したことが明らかである
⑭ 　障害の程度が増進したことが明らかである
⑮ 　所得が前年度の所得を著しく下回った
⑯ 　増進　　　　　⑰ 　月　　　　　　　⑱ 　月の前月
⑲ 　月の前々月　　⑳ 　月の翌月

80

第1章　厚生年金保険法

解答

A	⑯	増進	（法52条）
B	⑭	障害の程度が増進したことが明らかである	（法52条）
C	①	1年	（法52条）
D	⑳	月の翌月	（法52条）
E	⑦	65歳	（法52条）

完成文

1　実施機関は、障害厚生年金の受給権者について、その障害の程度を**診査**し、その程度が従前の障害等級以外の障害等級に該当すると認めるときは、その程度に応じて、障害厚生年金の額を改定することができる。

2　障害厚生年金の受給権者は、実施機関に対し、障害の程度が増進したことによる障害厚生年金の額の改定を請求することができる。

3　上記2の請求は、障害厚生年金の受給権者の障害の程度が増進したことが明らかである場合として厚生労働省令で定める場合を**除き**、当該障害厚生年金の受給権を取得した日又は上記1の規定による実施機関の**診査**を受けた日から起算して1年を経過した**日後**でなければ行うことができない。

4　上記1により障害厚生年金の額が改定されたときは、改定後の額による障害厚生年金の支給は、改定が行われた月の翌月から始めるものとする。

5　上記1～4の規定は、65歳以上の者であって、かつ、障害厚生年金の受給権者(当該障害厚生年金と同一の支給事由に基づく**障害基礎年金**の受給権を有しないものに限る。)については、適用しない。

第1章　厚生年金保険法

問題30　障害厚生年金の支給停止、失権　難易度 B

Check欄　A ☐☐☐　B ☐☐☐　C ☐☐☐　D ☐☐☐　E ☐☐☐

1　障害厚生年金は、その受給権者が当該傷病について　A　を受ける権利を取得したときは、　B　年間、その支給を停止する。

2　障害厚生年金の受給権は、法48条2項の規定（併給の調整）によって消滅するほか、受給権者が以下の(1)〜(3)のいずれかに該当するに至ったときは、消滅する。

(1)　死亡したとき。

(2)　障害等級　C　に該当する程度の障害の状態にない者が、　D　に達したとき。ただし、　D　に達した日において、障害等級　C　に該当する程度の障害の状態に該当しなくなった日から起算して障害等級　C　に該当する程度の障害の状態に該当することなく　E　を経過していないときを除く。

(3)　障害等級　C　に該当する程度の障害の状態に該当しなくなった日から起算して障害等級　C　に該当する程度の障害の状態に該当することなく　E　を経過したとき。ただし、　E　を経過した日において、当該受給権者が　D　未満であるときを除く。

82

——————————————————— 第 1 章　厚生年金保険法

選択肢

①　1	②　3	③　5	④　6
⑤　1 級	⑥　1 級、2 級及び 3 級		
⑦　1 級及び 2 級	⑧　1 級から 7 級まで		⑨　1 年
⑩　1 年 6 か月	⑪　3 年	⑫　5 年	⑬　55歳
⑭　60歳	⑮　65歳	⑯　70歳	

⑰　労働基準法の規定による遺族補償

⑱　労働基準法の規定による障害補償

⑲　労働者災害補償保険法の規定による障害を支給事由とする年金たる給付

⑳　労働者災害補償保険法の規定による年金たる給付

第1章　厚生年金保険法

解　答

A	⑱	労働基準法の規定による障害補償	（法54条）
B	④	6	（法54条）
C	⑥	1級、2級及び3級	（法53条）
D	⑮	65歳	（法53条）
E	⑪	3年	（法53条）

第1章　厚生年金保険法

完成文

1　障害厚生年金は、その受給権者が当該傷病について労働基準法の規定による障害補償を受ける権利を取得したときは、6年間、その支給を停止する。

2　障害厚生年金の受給権は、法48条2項の規定（併給の調整）によって消滅するほか、受給権者が以下の(1)～(3)のいずれかに該当するに至ったときは、消滅する。

(1)　死亡したとき。

(2)　障害等級1級、2級及び3級に該当する程度の障害の状態にない者が、65歳に達したとき。ただし、65歳に達した日において、障害等級1級、2級及び3級に該当する程度の障害の状態に該当しなくなった日から起算して障害等級1級、2級及び3級に該当する程度の障害の状態に該当することなく3年を経過していないときを除く。

(3)　障害等級1級、2級及び3級に該当する程度の障害の状態に該当しなくなった日から起算して障害等級1級、2級及び3級に該当する程度の障害の状態に該当することなく3年を経過したとき。ただし、3年を経過した日において、当該受給権者が65歳未満であるときを除く。

第1章　厚生年金保険法

問題31　障害手当金　　　難易度 C

Check欄　A□□□　B□□□　C□□□　D□□□　E□□□

1　障害手当金は、疾病にかかり、又は負傷し、その傷病に係る初診日において被保険者であった者が、当該初診日から起算して ［　A　］ を経過する日までの間におけるその傷病の治った日において、その傷病により政令で定める程度の障害の状態にある場合に、その者に支給する。

2　上記1の障害の程度を定めるべき日において以下の(1)～(3)のいずれかに該当する者には、障害手当金を支給しない。

(1)　年金たる保険給付の受給権者（最後に障害等級に該当する程度の障害の状態（以下「障害状態」という。）に該当しなくなった日から起算して障害状態に該当することなく ［　B　］ を経過した障害厚生年金の受給権者（現に障害状態に該当しない者に限る。）を除く。）

(2)　国民年金法による年金たる給付の受給権者（最後に障害状態に該当しなくなった日から起算して障害状態に該当することなく ［　B　］ を経過した障害基礎年金の受給権者（現に障害状態に該当しない者に限る。）その他の政令で定める者を除く。）

(3)　当該傷病について労働基準法の規定による障害補償又は労働者災害補償保険法の規定による障害補償給付、複数事業労働者障害給付若しくは障害給付等を受ける権利を有する者

3　障害手当金の額は、法50条1項（障害厚生年金の額）の規定の例により計算した ［　C　］ に相当する額とする。ただし、その額が2級の障害基礎年金の額の ［　D　］ 相当額に ［　E　］ を乗じて得た額に満たないときは、当該額とする。

第 1 章　厚生年金保険法

選択肢

① 2	② 3	③ 5
④ 10	⑤ 1 年	⑥ 1 年 6 か月
⑦ 2 年	⑧ 2 分の 1	⑨ 3 年
⑩ 3 分の 1	⑪ 3 分の 2	⑫ 4 年
⑬ 4 分の 3	⑭ 5 年	⑮ 6 か月
⑯ 10年	⑰ 額の100分の100	
⑱ 額の100分の125	⑲ 額の100分の150	
⑳ 額の100分の200		

第1章　厚生年金保険法

解　答

A	⑭	5 年	（法55条）
B	⑨	3 年	（法56条）
C	⑳	額の100分の200	（法57条）
D	⑬	4 分の 3	（法57条）
E	①	2	（法57条）

第1章　厚生年金保険法

完成文

1　障害手当金は、疾病にかかり、又は負傷し、その傷病に係る初診日において被保険者であった者が、当該初診日から起算して5年を経過する日までの間におけるその傷病の治った日において、その傷病により政令で定める程度の障害の状態にある場合に、その者に支給する。

2　上記1の障害の程度を定めるべき日において以下の(1)〜(3)のいずれかに該当する者には、障害手当金を支給しない。

　(1)　年金たる保険給付の受給権者(最後に障害等級に該当する程度の障害の状態(以下「障害状態」という。)に該当しなくなった日から起算して障害状態に該当することなく3年を経過した障害厚生年金の受給権者(現に障害状態に該当しない者に限る。)を除く。)

　(2)　国民年金法による年金たる給付の受給権者(最後に障害状態に該当しなくなった日から起算して障害状態に該当することなく3年を経過した障害基礎年金の受給権者(現に障害状態に該当しない者に限る。)その他の政令で定める者を除く。)

　(3)　当該傷病について労働基準法の規定による障害補償又は労働者災害補償保険法の規定による障害補償給付、複数事業労働者障害給付若しくは障害給付等を受ける権利を有する者

3　障害手当金の額は、法50条1項(障害厚生年金の額)の規定の例により計算した額の100分の200に相当する額とする。ただし、その額が2級の障害基礎年金の額の4分の3相当額に2を乗じて得た額に満たないときは、当該額とする。

第1章　厚生年金保険法

問題32　遺族厚生年金の支給要件　　難易度 C

Check欄　A□□□□　B□□□□　C□□□□　D□□□□　E□□□

　遺族厚生年金は、被保険者又は被保険者であった者が以下の(1)〜(4)のいずれかに該当する場合に、その者の遺族に支給する。ただし、(1)又は(2)に該当する場合にあっては、死亡した者につき、死亡日の前日において、死亡日の属する　　A　　までに国民年金の被保険者期間があり、かつ、当該被保険者期間に係る保険料納付済期間と保険料免除期間とを合算した期間が当該被保険者期間の　　B　　に満たないときは、この限りでない。

(1)　被保険者(失踪の宣告を受けた被保険者であった者であって、行方不明となった当時被保険者であったものを含む。)が死亡したとき。

(2)　被保険者であった者が、被保険者の資格を喪失した後に、被保険者であった間に初診日がある傷病により当該　　C　　から起算して　　D　　を経過する日前に死亡したとき。

(3)　障害等級の　　E　　に該当する障害の状態にある障害厚生年金の受給権者が死亡したとき。

(4)　老齢厚生年金の受給権者(被保険者期間を有する者のうち、保険料納付済期間、保険料免除期間及び合算対象期間を合算した期間が25年以上である者に限る。)又は被保険者期間を有する者のうち、保険料納付済期間、保険料免除期間及び合算対象期間を合算した期間が25年以上である者が、死亡したとき。

第1章　厚生年金保険法

選択肢

①	1級	②	1級又は2級	③	1年
④	1年6か月	⑤	2級又は3級	⑥	2分の1
⑦	3級	⑧	3年	⑨	3分の1
⑩	3分の2	⑪	4分の3	⑫	5年
⑬	資格取得日	⑭	資格喪失日	⑮	初診日
⑯	月	⑰	月の前月	⑱	月の前々月
⑲	月の翌月	⑳	発傷病日		

第 1 章　厚生年金保険法

解 答

A　⑱　月の前々月　　（法58条）
B　⑩　3分の2　　　（法58条）
C　⑮　初診日　　　　（法58条）
D　⑫　5年　　　　　（法58条）
E　②　1級又は2級　（法58条）

第1章　厚生年金保険法

完成文

　遺族厚生年金は、被保険者又は被保険者であった者が以下の(1)〜(4)のいずれかに該当する場合に、その者の遺族に支給する。ただし、(1)又は(2)に該当する場合にあっては、死亡した者につき、**死亡日の前日**において、死亡日の属する月の前々月までに国民年金の被保険者期間があり、かつ、当該被保険者期間に係る保険料納付済期間と保険料免除期間とを合算した期間が当該被保険者期間の3分の2に満たないときは、この限りでない。

(1)　被保険者（**失踪の宣告**を受けた被保険者であった者であって、**行方不明**となった当時被保険者であったものを含む。）が死亡したとき。

(2)　被保険者であった者が、被保険者の**資格を喪失した後**に、被保険者であった間に初診日がある傷病により当該初診日から起算して5年を経過する日前に死亡したとき。

(3)　障害等級の1級又は2級に該当する障害の状態にある障害厚生年金の受給権者が死亡したとき。

(4)　**老齢厚生年金**の受給権者（被保険者期間を有する者のうち、保険料納付済期間、保険料免除期間及び合算対象期間を合算した期間が25年以上である者に限る。）又は被保険者期間を有する者のうち、保険料納付済期間、保険料免除期間及び合算対象期間を合算した期間が25年以上である者が、死亡したとき。

93

第1章　厚生年金保険法

問題33　遺族厚生年金の遺族

難易度 **C**

Check欄 **A**☐☐☐ **B**☐☐☐ **C**☐☐☐ **D**☐☐☐ **E**☐☐☐

1　遺族厚生年金を受けることができる遺族は、被保険者又は被保険者であった者の配偶者、子、父母、孫又は　　A　　であって、被保険者又は被保険者であった者の死亡の当時　　B　　したものとする。ただし、妻以外の者にあっては、以下に掲げる要件に該当した場合に限るものとする。

ア　夫、父母又は　　A　　については、　　C　　であること。

イ　子又は孫については、18歳に達する日以後の最初の3月31日までの間にあるか、又は　　D　　で障害等級の1級若しくは2級に該当する障害の状態にあり、かつ、現に　　E　　をしていないこと。

2　上記1の規定にかかわらず、父母は、配偶者又は子が、孫は、配偶者、子又は父母が、　　A　　は、配偶者、子、父母又は孫が遺族厚生年金の受給権を取得したときは、それぞれ遺族厚生年金を受けることができる遺族としない。

3　被保険者又は被保険者であった者の死亡の当時胎児であった子が出生したときは、上記1の規定の適用については、将来に向かって、その子は、被保険者又は被保険者であった者の死亡の当時　　B　　していた子とみなす。

94

第1章　厚生年金保険法

選択肢

①	20歳以上	②	20歳未満	③	30歳以上
④	30歳未満	⑤	55歳以上	⑥	55歳未満
⑦	60歳以上	⑧	60歳未満	⑨	叔父叔母
⑩	兄弟姉妹	⑪	婚姻	⑫	就業
⑬	自立	⑭	その者と生計を同じく		
⑮	その者と同一の世帯に属				
⑯	その者によって主として生計を維持				
⑰	その者によって生計を維持				
⑱	祖父母	⑲	弟妹	⑳	同居

第1章 厚生年金保険法

解 答

A	⑱	祖父母	（法59条）
B	⑰	その者によって生計を維持	（法59条）
C	⑤	55歳以上	（法59条）
D	②	20歳未満	（法59条）
E	⑪	婚姻	（法59条）

第1章　厚生年金保険法

完成文

1　遺族厚生年金を受けることができる遺族は、被保険者又は被保険者で
あった者の**配偶者**、**子**、**父母**、**孫**又は祖父母であって、被保険者又は被保
険者であった者の死亡の当時その者によって生計を維持したものとする。
ただし、**妻**以外の者にあっては、以下に掲げる要件に該当した場合に限る
ものとする。

ア　**夫**、**父母**又は祖父母については、55歳以上であること。

イ　**子**又は**孫**については、**18**歳に達する日以後の最初の**3月31日**までの間
にあるか、又は20歳未満で障害等級の**1級若しくは2級**に該当する障害
の状態にあり、かつ、現に婚姻をしていないこと。

2　上記1の規定にかかわらず、**父母**は、**配偶者**又は**子**が、**孫**は、**配偶者**、
子又は**父母**が、祖父母は、**配偶者**、**子**、**父母**又は**孫**が遺族厚生年金の受給
権を取得したときは、それぞれ遺族厚生年金を受けることができる遺族と
しない。

3　被保険者又は被保険者であった者の死亡の当時胎児であった子が出生し
たときは、上記1の規定の適用については、**将来に向かって**、その子は、
被保険者又は被保険者であった者の死亡の当時その者によって生計を維持
していた子とみなす。

97

第1章　厚生年金保険法

問題34　中高齢寡婦加算

難易度 **B**

Check欄　A□□□□　B□□□□　C□□□□　D□□□□　E□□□□

　遺族厚生年金(老齢厚生年金の受給権者(保険料納付済期間、保険料免除期間及び合算対象期間を合算した期間が25年以上である者に限る。)又は保険料納付済期間、保険料免除期間及び合算対象期間を合算した期間が25年以上である者が、死亡したことにより支給されるものであって、その額の計算の基礎となる被保険者期間の月数が　 A 　未満であるものを除く。)の受給権者である妻であって、その権利を取得した当時　 B 　以上　 C 　未満であったもの又は　 B 　に達した当時当該被保険者若しくは被保険者であった者の子で国民年金法37条の２第１項の要件に該当するものと生計を同じくしていたものが　 C 　未満であるときは、法60条の遺族厚生年金の額に、　 D 　に　 E 　を乗じて得た額を加算する。

選択肢

① 2	② 240	③ 300	④ 360
⑤ 480	⑥ 2分の1	⑦ 3分の2	⑧ 4分の3
⑨ 30歳	⑩ 35歳	⑪ 40歳	⑫ 45歳
⑬ 50歳	⑭ 55歳	⑮ 60歳	⑯ 65歳
⑰ 遺族基礎年金の基本額	⑱ 障害基礎年金の額		
⑲ 老齢基礎年金の額	⑳ 老齢厚生年金の額		

第1章　厚生年金保険法

解答

A	②	240	（法62条）
B	⑪	40歳	（法62条）
C	⑯	65歳	（法62条）
D	⑰	遺族基礎年金の基本額	（法62条）
E	⑧	４分の３	（法62条）

完成文

　遺族厚生年金（老齢厚生年金の受給権者（保険料納付済期間、保険料免除期間及び合算対象期間を合算した期間が<u>25</u>年以上である者に限る。）又は保険料納付済期間、保険料免除期間及び合算対象期間を合算した期間が<u>25</u>年以上である者が、死亡したことにより支給されるものであって、その額の計算の基礎となる被保険者期間の月数が240未満であるものを除く。）の受給権者である<u>妻</u>であって、その権利を取得した当時40歳以上65歳未満であったもの又は40歳に達した当時当該被保険者若しくは被保険者であった者の子で国民年金法37条の２第１項の要件に該当するものと<u>生計を同じく</u>していたものが65歳未満であるときは、法60条の遺族厚生年金の額に、遺族基礎年金の基本額に４分の３を乗じて得た額を加算する。

99

第1章　厚生年金保険法

問題35　遺族厚生年金の支給停止　　難易度 B

Check欄 A□□□　B□□□　C□□□　D□□□　E□□□

1　遺族厚生年金(その受給権者が65歳に達しているものに限る。)は、その受給権者が老齢厚生年金の受給権を有するときは、当該老齢厚生年金の額に相当する部分の支給を停止する。

2　遺族厚生年金は、当該被保険者又は被保険者であった者の死亡について労働基準法の規定による遺族補償の支給が行われるべきものであるときは、死亡の日から　　A　　、その支給を停止する。

3　　B　　に対する遺族厚生年金は、受給権者が　　C　　に達するまでの期間、その支給を停止する。ただし、　　D　　に対する遺族厚生年金については、当該被保険者又は被保険者であった者の死亡について、　　D　　が国民年金法による遺族基礎年金の受給権を有するときは、この限りでない。

4　子に対する遺族厚生年金は、　　E　　が遺族厚生年金の受給権を有する期間、その支給を停止する。ただし、　　E　　に対する遺族厚生年金が、上記3の規定による支給停止等によりその支給を停止されている間は、この限りでない。

5　　E　　に対する遺族厚生年金は、当該被保険者又は被保険者であった者の死亡について、　　E　　が国民年金法による遺族基礎年金の受給権を有しない場合であって子が当該遺族基礎年金の受給権を有するときは、その間、その支給を停止する。ただし、子に対する遺族厚生年金が法67条の規定(所在が不明の場合の支給停止)によりその支給を停止されている間は、この限りでない。

第1章　厚生年金保険法

選択肢

①	1年間	②	3年間	③	5年間
④	6年間	⑤	50歳	⑥	55歳
⑦	60歳	⑧	65歳	⑨	夫
⑩	夫、父又は祖父			⑪	夫、父母又は祖父母
⑫	夫又は父母			⑬	妻
⑭	妻、父母又は祖父母			⑮	妻又は父母
⑯	配偶者			⑰	配偶者、父母又は祖父母
⑱	配偶者又は祖父母			⑲	父母又は祖父母
⑳	他の子				

101

第1章　厚生年金保険法

解　答

A　④　６年間　　　　　　　　　（法64条）
B　⑪　夫、父母又は祖父母　（法65条の２）
C　⑦　60歳　　　　　　　　　　（法65条の２）
D　⑨　夫　　　　　　　　　　　（法65条の２）
E　⑯　配偶者　　　　　　　　　（法66条）

第1章　厚生年金保険法

完成文

1　遺族厚生年金(その受給権者が65歳に達しているものに限る。)は、その受給権者が**老齢厚生年金**の受給権を有するときは、当該**老齢厚生年金**の額に相当する部分の支給を停止する。

2　遺族厚生年金は、当該被保険者又は被保険者であった者の死亡について**労働基準法の規定による遺族補償**の支給が行われるべきものであるときは、死亡の日から6年間、その支給を停止する。

3　夫、父母又は祖父母に対する遺族厚生年金は、受給権者が60歳に達するまでの期間、その支給を停止する。ただし、夫に対する遺族厚生年金については、当該被保険者又は被保険者であった者の死亡について、夫が国民年金法による**遺族基礎年金**の受給権を有するときは、この限りでない。

4　**子**に対する遺族厚生年金は、配偶者が遺族厚生年金の受給権を有する期間、その支給を停止する。ただし、配偶者に対する遺族厚生年金が、上記3の規定による支給停止等によりその支給を停止されている間は、この限りでない。

5　配偶者に対する遺族厚生年金は、当該被保険者又は被保険者であった者の死亡について、配偶者が国民年金法による**遺族基礎年金**の受給権を有しない場合であって子が当該**遺族基礎年金**の受給権を有するときは、その間、その支給を停止する。ただし、子に対する遺族厚生年金が法67条の規定(所在が不明の場合の支給停止)によりその支給を停止されている間は、この限りでない。

第1章　厚生年金保険法

問題36　遺族厚生年金の失権

難易度 B

Check欄 A□□□　B□□□　C□□□　D□□□　E□□□

1　遺族厚生年金と当該遺族厚生年金と同一の支給事由に基づく国民年金法による遺族基礎年金の受給権を有する　A　の遺族厚生年金の受給権は、その者が　B　に当該　C　したときは、当該　C　した日から起算して　D　年を経過したときに、消滅する。

2　　E　の有する遺族厚生年金の受給権は、被保険者又は被保険者であった者の死亡の当時胎児であった子が出生したときは、消滅する。

選択肢

① 3　　② 5　　③ 10　　④ 20

⑤ 30歳に到達する日以後　　⑥ 30歳に到達する日前

⑦ 40歳に到達する日以後　　⑧ 40歳に到達する日前

⑨ 遺族基礎年金の受給権が消滅

⑩ 遺族基礎年金の受給権を取得

⑪ 遺族厚生年金の受給権が消滅

⑫ 遺族厚生年金の受給権を取得　　⑬ 夫　　⑭ 子又は孫

⑮ 妻　　⑯ 配偶者　　⑰ 父母

⑱ 父母、孫、祖父母又は兄弟姉妹　　⑲ 父母、孫又は祖父母

⑳ 父母又は祖父母

第1章 厚生年金保険法

解 答

A	⑮	妻	（法63条）
B	⑥	30歳に到達する日前	（法63条）
C	⑨	遺族基礎年金の受給権が消滅	（法63条）
D	②	5	（法63条）
E	⑲	父母、孫又は祖父母	（法63条）

完成文

1　遺族厚生年金と当該遺族厚生年金と同一の支給事由に基づく国民年金法による遺族基礎年金の受給権を有する妻の遺族厚生年金の受給権は、その者が30歳に到達する日前に当該遺族基礎年金の受給権が消滅したときは、当該遺族基礎年金の受給権が消滅した日から起算して5年を経過したときに、消滅する。

2　父母、孫又は祖父母の有する遺族厚生年金の受給権は、被保険者又は被保険者であった者の死亡の当時胎児であった子が出生したときは、消滅する。

105

第1章　厚生年金保険法

問題37　脱退一時金⑴

難易度 C

Check欄 A□□□　B□□□□　C□□□□　D□□□□　E□□□

被保険者期間が　A　以上である　B　（　C　でないもの
に限る。）であって、老齢厚生年金の受給資格期間を満たしていないもの等
は、脱退一時金の支給を請求することができる。ただし、その者が以下の⑴
～⑶のいずれかに該当するときは、この限りでない。

⑴　日本国内に住所を有するとき。

⑵　　D　その他政令で定める保険給付の受給権を有したことがあると
き。

⑶　最後に　C　の資格を喪失した日（同日において日本国内に住所を
有していた者にあっては、同日後初めて、日本国内に住所を有しなくなっ
た日）から起算して　E　を経過しているとき。

選択肢
① 1か月　　② 1年　　③ 2か月　　④ 2年
⑤ 3か月　　⑥ 3年　　⑦ 5年　　⑧ 6か月
⑨ 遺族基礎年金　　　　⑩ 遺族厚生年金
⑪ 共済組合の組合員　　⑫ 国民年金の被保険者
⑬ 障害基礎年金　　　　⑭ 障害厚生年金
⑮ 船員保険の被保険者　⑯ 日本国籍を有しない者
⑰ 日本国籍を有する者　⑱ 日本国内に住所を有しない者
⑲ 日本国内に住所を有する者　⑳ 被保険者

106

第 1 章　厚生年金保険法

解　答

A　⑧　6 か月　　　　　　　　（法附則29条）
B　⑯　日本国籍を有しない者　（法附則29条）
C　⑫　国民年金の被保険者　　（法附則29条）
D　⑭　障害厚生年金　　　　　（法附則29条）
E　④　2 年　　　　　　　　　（法附則29条）

完成文

　被保険者期間が 6 か月以上である日本国籍を有しない者（国民年金の被保険者でないものに限る。）であって、老齢厚生年金の受給資格期間を満たしていないもの等は、脱退一時金の支給を請求することができる。ただし、その者が以下の(1)〜(3)のいずれかに該当するときは、この限りでない。

(1)　日本国内に住所を有するとき。

(2)　障害厚生年金その他政令で定める保険給付の受給権を有したことがあるとき。

(3)　最後に国民年金の被保険者の資格を喪失した日（同日において日本国内に住所を有していた者にあっては、同日後初めて、日本国内に住所を有しなくなった日）から起算して 2 年を経過しているとき。

107

第1章　厚生年金保険法

問題38　脱退一時金(2)

難易度 B

Check欄　A ☐☐☐　B ☐☐☐　C ☐☐☐　D ☐☐☐　E ☐☐☐

1　脱退一時金の額は、被保険者であった期間に応じて、その期間の平均標準報酬額(被保険者期間の計算の基礎となる各月の標準報酬月額と標準賞与額の総額を、当該被保険者期間の月数で除して得た額)に　A　を乗じて得た額とするものとし、この　A　は、最終月(最後に被保険者の資格を喪失した日の属する月の前月)の属する年の前年10月の保険料率(最終月が1月から8月までの場合にあっては、前々年10月の保険料率)に　B　を乗じて得た率に、被保険者であった期間に応じて政令で定める数を乗じて得た率とし、この数は、例えば、被保険者期間が6か月以上12か月未満であるときは　C　、被保険者期間が　D　以上であるときは60とする。

2　脱退一時金の支給を受けたときは、支給を受けた者は、その額の計算の基礎となった被保険者であった期間は、　E　。

選択肢

① 4　　　　　　② 6　　　　　　③ 10
④ 12　　　　　⑤ 2分の1　　　⑥ 3分の1
⑦ 3分の2　　　⑧ 4分の3　　　⑨ 24か月
⑩ 36か月　　　⑪ 48か月　　　⑫ 60か月
⑬ 改定率　　　⑭ 合算対象期間とされる
⑮ 給付率　　　⑯ 再評価率　　　⑰ 支給率
⑱ 被保険者でなかったものとみなす
⑲ 保険料納付済期間に算入される
⑳ 保険料免除期間に算入される

108

第1章　厚生年金保険法

解答

A	⑰	支給率	（法附則29条）
B	⑤	2分の1	（法附則29条）
C	②	6	（令12条の2）
D	⑫	60か月	（令12条の2）
E	⑱	被保険者でなかったものとみなす	（法附則29条）

完成文

1　脱退一時金の額は、被保険者であった期間に応じて、その期間の平均標準報酬額（被保険者期間の計算の基礎となる各月の標準報酬月額と標準賞与額の総額を、当該被保険者期間の月数で除して得た額）に支給率を乗じて得た額とするものとし、この支給率は、最終月（最後に被保険者の資格を喪失した日の属する月の前月）の属する年の前年10月の保険料率（最終月が1月から8月までの場合にあっては、前々年10月の保険料率）に2分の1を乗じて得た率に、被保険者であった期間に応じて政令で定める数を乗じて得た率とし、この数は、例えば、被保険者期間が6か月以上12か月未満であるときは6、被保険者期間が60か月以上であるときは60とする。

2　脱退一時金の支給を受けたときは、支給を受けた者は、その額の計算の基礎となった被保険者であった期間は、被保険者でなかったものとみなす。

109

第1章　厚生年金保険法

問題39　保険給付の制限

難易度 B

Check欄　A ☐☐☐　B ☐☐☐　C ☐☐☐　D ☐☐☐　E ☐☐☐

1　被保険者又は被保険者であった者が、　　A　　、障害又はその　　B　　となった事故を生ぜしめたときは、当該障害を支給事由とする障害厚生年金又は障害手当金は、支給しない。

2　被保険者又は被保険者であった者が、　　C　　、又は　　D　　に関する指示に従わないことにより、障害若しくは死亡若しくはこれらの原因となった事故を生ぜしめ、若しくはその障害の程度を増進させ、又はその回復を妨げたときは、保険給付の全部又は一部を行わないことができる。

3　障害厚生年金の受給権者が、故意若しくは重大な過失により、又は　　D　　に関する指示に従わないことにより、その障害の程度を増進させ、又はその回復を妨げたときは、法第52条１項の規定による改定を行わず、又はその者の障害の程度が現に該当する障害等級以下の障害等級に該当するものとして、同項の規定による改定を行うことができる。

4　受給権者が、正当な理由がなくて、法第98条３項の規定による届出をせず、又は書類その他の物件を提出しないときは、　　E　　。

第 1 章　厚生年金保険法

選択肢

① 遠因　　② 過失により　　　　　③ 原因　　④ 故意に

⑤ 故意に若しくは過失により

⑥ 自己の故意の犯罪行為により

⑦ 自己の故意の犯罪行為により又は故意に

⑧ 自己の故意の犯罪行為又は過失により

⑨ 自己の故意の犯罪行為若しくは重大な過失により

⑩ 重大な過失により　　　　　　　⑪ 主要な原因

⑫ 正当な理由がなくて療養

⑬ 政令で定める理由がなくて療養　⑭ 直接の原因

⑮ 保険給付の一部を行わないことができる

⑯ 保険給付の額の全部又は一部につき、その支給を停止することができる

⑰ 保険給付の支払を一時差し止めることができる

⑱ 保険給付の全部又は一部を行わないことができる

⑲ 理由がなくて療養　　　　　　　⑳ 療養

111

第1章　厚生年金保険法

解　答

A　④　故意に　　　　　　　　（法73条）

B　⑭　直接の原因　　　　　　（法73条）

C　⑨　自己の故意の犯罪行為若しくは重大な過失により

　　　　　　　　　　　　　　（法73条の２）

D　⑫　正当な理由がなくて療養　（法73条の２、74条）

E　⑰　保険給付の支払を一時差し止めることができる

　　　　　　　　　　　　　　（法78条）

第1章　厚生年金保険法

完成文

1　被保険者又は被保険者であった者が、故意に、障害又はその直接の原因となった事故を生ぜしめたときは、当該障害を支給事由とする障害厚生年金又は障害手当金は、支給しない。

2　被保険者又は被保険者であった者が、自己の故意の犯罪行為若しくは重大な過失により、又は正当な理由がなくて療養に関する指示に従わないことにより、障害若しくは死亡若しくはこれらの原因となった事故を生ぜしめ、若しくはその障害の程度を増進させ、又はその回復を妨げたときは、保険給付の全部又は一部を行わないことができる。

3　障害厚生年金の受給権者が、故意若しくは重大な過失により、又は正当な理由がなくて療養に関する指示に従わないことにより、その障害の程度を増進させ、又はその回復を妨げたときは、法第52条1項の規定による改定を行わず、又はその者の障害の程度が現に該当する障害等級以下の障害等級に該当するものとして、同項の規定による改定を行うことができる。

4　受給権者が、正当な理由がなくて、法第98条3項の規定による届出をせず、又は書類その他の物件を提出しないときは、保険給付の支払を一時差し止めることができる。

113

第1章　厚生年金保険法

問題40　離婚時の年金分割制度(合意分割)(1)　難易度 B

Check欄　A ☐☐☐　B ☐☐☐　C ☐☐☐　D ☐☐☐　E ☐☐☐

　　 A 　(被保険者又は被保険者であった者であって、標準報酬が改定されるものをいう。)又は　 B 　(　 A 　の配偶者であった者であって、標準報酬が改定され、又は決定されるものをいう。)は、離婚等(離婚(婚姻の届出をしていないが事実上婚姻関係と同様の事情にあった者について、当該事情が解消した場合を除く。)、婚姻の取消しその他厚生労働省令で定める事由をいう。)をした場合であって、以下のいずれかに該当するときは、実施機関に対し、当該離婚等について対象期間(婚姻期間その他の厚生労働省令で定める期間をいう。)に係る被保険者期間の標準報酬(　 A 　及び　 B 　(当事者)の標準報酬をいう。)の改定又は決定を請求することができる。ただし、当該離婚等をしたときから　 C 　を経過したときその他の厚生労働省令で定める場合に該当するときは、この限りでない。

ア　当事者が標準報酬の改定又は決定の請求をすること及び請求すべき　 D 　について合意しているとき

イ　 E 　が請求すべき　 D 　を定めたとき

選択肢

① 1年　　　② 2年　　　③ 3年　　　④ 6か月
⑤ 按分割合　　　　　　⑥ 改定者
⑦ 家庭裁判所　　　　　⑧ 厚生労働大臣
⑨ 請求割合　　　　　　⑩ 第1号改定者
⑪ 第1号被保険者　　　⑫ 第2号改定者
⑬ 第2号被保険者　　　⑭ 第3号被保険者
⑮ 地方厚生局長　　　　⑯ 特定被保険者
⑰ 日本年金機構　　　　⑱ 被扶養配偶者
⑲ 分割割合　　　　　　⑳ 持分割合

第1章　厚生年金保険法

解答

A　⑩　**第1号改定者**　　（法78条の2）
B　⑫　**第2号改定者**　　（法78条の2）
C　②　**2年**　　　　　　（法78条の2）
D　⑤　**按分割合**　　　　（法78条の2）
E　⑦　**家庭裁判所**　　　（法78条の2）

完成文

　　第1号改定者（被保険者又は被保険者であった者であって、標準報酬が改定されるものをいう。）又は第2号改定者（第1号改定者の配偶者であった者であって、標準報酬が改定され、又は決定されるものをいう。）は、離婚等（離婚（婚姻の届出をしていないが事実上婚姻関係と同様の事情にあった者について、当該事情が解消した場合を除く。）、<u>婚姻の取消し</u>その他厚生労働省令で定める事由をいう。）をした場合であって、以下のいずれかに該当するときは、実施機関に対し、当該離婚等について<u>対象期間</u>（<u>婚姻期間</u>その他の厚生労働省令で定める期間をいう。）に係る被保険者期間の標準報酬（第1号改定者及び第2号改定者（当事者）の標準報酬をいう。）の改定又は決定を請求することができる。ただし、当該離婚等をしたときから2年を経過したときその他の厚生労働省令で定める場合に該当するときは、この限りでない。

ア　当事者が標準報酬の改定又は決定の請求をすること及び請求すべき按分割合について合意しているとき

イ　家庭裁判所が請求すべき按分割合を定めたとき

115

第1章　厚生年金保険法

問題41　離婚時の年金分割制度（合意分割）(2)　難易度 A

Check欄　A□□□　B□□□　C□□□　D□□□　E□□□

1　標準報酬の改定又は決定の請求について、当事者の合意のための協議が
調わないとき、又は協議をすることができないときは、　A　によ
り、　B　は、当該対象期間における保険料納付に対する当事者の
　C　の程度その他一切の事情を考慮して、請求すべき　D　を
定めることができる。

2　請求すべき　D　は、当事者それぞれの対象期間標準報酬総額（対
象期間に係る被保険者期間の各月の標準報酬月額（従前標準報酬月額が当
該月の標準報酬月額とみなされた月にあっては、従前標準報酬月額）と標
準賞与額に当事者を受給権者とみなして対象期間の末日において適用され
る再評価率を乗じて得た額の総額をいう。以下同じ。）の合計額に対する第
2号改定者の対象期間標準報酬総額の割合を超え　E　以下の範囲内
で定められなければならない。

選択肢

①	2分の1	②	3分の1
③	3分の2	④	4分の1
⑤	按分割合	⑥	改定割合
⑦	家庭裁判所	⑧	簡易裁判所
⑨	寄与	⑩	貢献
⑪	厚生労働大臣の職権	⑫	高等裁判所
⑬	実績	⑭	請求割合
⑮	地方裁判所	⑯	当事者の一方の申立て
⑰	当事者の双方の申立て	⑱	日本年金機構の職権
⑲	奉仕	⑳	持分割合

第1章　厚生年金保険法

解答

A　⑯　当事者の一方の申立て　（法78条の2）
B　⑦　家庭裁判所　　　　　　（法78条の2）
C　⑨　寄与　　　　　　　　　（法78条の2）
D　⑤　按分割合　　　　　　　（法78条の2、78条の3）
E　①　2分の1　　　　　　　（法78条の3）

完成文

1　標準報酬の改定又は決定の請求について、当事者の合意のための**協議**が調わないとき、又は**協議**をすることができないときは、当事者の一方の申立てにより、家庭裁判所は、当該対象期間における**保険料納付**に対する当事者の寄与の程度その他一切の事情を考慮して、請求すべき按分割合を定めることができる。

2　請求すべき按分割合は、当事者それぞれの**対象期間標準報酬総額**（対象期間に係る被保険者期間の各月の**標準報酬月額**（従前標準報酬月額が当該月の標準報酬月額とみなされた月にあっては、従前標準報酬月額）と**標準賞与額**に当事者を受給権者とみなして対象期間の末日において適用される**再評価率**を乗じて得た額の総額をいう。以下同じ。）の合計額に対する**第2号改定者**の**対象期間標準報酬総額**の割合を超え2分の1以下の範囲内で定められなければならない。

117

第1章　厚生年金保険法

問題42　離婚時の年金分割制度（合意分割）⑶　難易度 A

Check欄 A□□□　B□□□　C□□□　D□□□　E□□□

1　当事者又はその一方は、実施機関に対し、主務省令で定めるところにより、標準報酬改定請求を行うために必要な情報であって以下アからエに掲げるものの提供を請求することができる。ただし、当該請求が標準報酬改定請求後に行われた場合、当該離婚等をしたときから　A　を経過したとき、法第78条の4第1項の規定により情報の提供を受けた日の翌日から起算して　B　を経過していない場合（一定の場合を除く。）においては、この限りでない。

ア　　C

イ　　D　　の範囲

ウ　上記ア、イの算定の基礎となる期間

エ　その他厚生労働省令で定めるもの

2　実施機関は、裁判所等に対し、その求めに応じて、請求すべき　D　に関する処分を行うために必要な　E　を提供しなければならない。

選択肢

① 1か月　　② 1年　　③ 2か月　　④ 2年
⑤ 3か月　　⑥ 3年　　⑦ 5年　　⑧ 6か月
⑨ 按分割合　⑩ 改定割合　⑪ 施設　　⑫ 情報
⑬ 資料　　⑭ 請求割合　⑮ 対象期間標準報酬月額
⑯ 対象期間標準報酬総額　⑰ 費用
⑱ 標準報酬月額　　⑲ 標準報酬総額
⑳ 持分割合

118

第1章　厚生年金保険法

解答

A	④	2年	（法78条の4）
B	⑤	3か月	（則78条の7）
C	⑯	対象期間標準報酬総額	（法78条の4）
D	⑨	按分割合	（法78条の4、78条の5）
E	⑬	資料	（法78条の5）

完成文

1　当事者又はその一方は、実施機関に対し、主務省令で定めるところにより、標準報酬改定請求を行うために必要な情報であって以下アからエに掲げるものの提供を請求することができる。ただし、当該請求が標準報酬改定請求後に行われた場合、当該離婚等をしたときから2年を経過したとき、法第78条の4第1項の規定により、情報の提供を受けた日の翌日から起算して3か月を経過していない場合（一定の場合を除く。）においては、この限りでない。

　ア　対象期間標準報酬総額

　イ　按分割合の範囲

　ウ　上記ア、イの算定の基礎となる期間

　エ　その他厚生労働省令で定めるもの

2　実施機関は、裁判所等に対し、その求めに応じて、請求すべき按分割合に関する処分を行うために必要な資料を提供しなければならない。

第1章　厚生年金保険法

問題43　離婚時の年金分割制度（合意分割）⑷ 難易度 A

Check欄 A□□□ B□□□ C□□□ D□□□ E□□□

1　実施機関は、標準報酬改定請求があった場合において、第1号改定者が標準報酬月額を有する対象期間に係る被保険者期間の各月ごとに、当事者の標準報酬月額をそれぞれ次のア・イに定める額に改定し、又は決定することができる。

ア　第1号改定者…改定前の標準報酬月額（第26条第1項の規定により同項に規定する従前標準報酬月額が当該月の標準報酬月額とみなされた月にあっては、従前標準報酬月額。イにおいて同じ。）に一から　　A　　（　　B　　を基礎として厚生労働省令で定めるところにより算定した率をいう。以下同じ。）を控除して得た率を乗じて得た額

イ　第2号改定者…改定前の標準報酬月額（標準報酬月額を有しない月にあっては、零）に、第1号改定者の改定前の標準報酬月額に　　A　　を乗じて得た額を加えて得た額

2　上記1の規定により改定され、又は決定された標準報酬は、当該　　C　　から将来に向かってのみその効力を有する。

3　　D　　の受給権者について、上記1の規定により標準報酬の改定又は決定が行われたときは、対象期間に係る被保険者期間の最後の月以前における被保険者期間（一定の場合にあっては、政令で定める期間）及び改定又は決定後の標準報酬を　　D　　の額の計算の基礎とするものとし、当該　　C　　の属する月の翌月から、年金の額を改定する。

4　　E　　の受給権者について、当該　　E　　の額の計算の基礎となる被保険者期間に係る標準報酬が上記1の規定により改定され、又は決定されたときは、改定又は決定後の標準報酬を基礎として、当該　　C　　の属する月の翌月から、年金の額を改定する。ただし、第50条第1項後段の規定（被保険者期間の300か月みなし）が適用されている　　E　　につ

120

第1章　厚生年金保険法

いては、離婚時みなし被保険者期間は、その計算の基礎としない。

選択肢

①	按分割合	②	遺族基礎年金
③	遺族厚生年金	④	改定され、又は決定された日
⑤	改定率	⑥	改定割合
⑦	寡婦年金	⑧	厚生労働大臣が指定する日
⑨	再評価率	⑩	障害基礎年金
⑪	障害厚生年金	⑫	請求割合
⑬	賃金変動率	⑭	標準報酬改定請求のあった日
⑮	付加年金	⑯	物価変動率
⑰	持分割合	⑱	離婚等をした日
⑲	老齢基礎年金	⑳	老齢厚生年金

第1章　厚生年金保険法

解答

A	⑥	改定割合	（法78条の6）
B	①	按分割合	（法78条の6）
C	⑭	標準報酬改定請求のあった日	（法78条の6、78条の10）
D	⑳	老齢厚生年金	（法78条の10）
E	⑪	障害厚生年金	（法78条の10）

完成文

1　実施機関は、標準報酬改定請求があった場合において、第1号改定者が標準報酬月額を有する対象期間に係る被保険者期間の各月ごとに、当事者の標準報酬月額をそれぞれ次のア・イに定める額に改定し、又は決定することができる。

ア　第1号改定者…改定前の標準報酬月額（第26条第1項の規定により同項に規定する従前標準報酬月額が当該月の標準報酬月額とみなされた月にあっては、従前標準報酬月額。イにおいて同じ。）に一から改定割合（按分割合を基礎として厚生労働省令で定めるところにより算定した率をいう。以下同じ。）を控除して得た率を乗じて得た額

イ　第2号改定者…改定前の標準報酬月額（標準報酬月額を有しない月にあっては、零）に、第1号改定者の改定前の標準報酬月額に改定割合を乗じて得た額を加えて得た額

2　上記1の規定により改定され、又は決定された標準報酬は、当該標準報酬改定請求のあった日から将来に向かってのみその効力を有する。

3　老齢厚生年金の受給権者について、上記1の規定により標準報酬の改定又は決定が行われたときは、対象期間に係る被保険者期間の最後の月以前における被保険者期間（一定の場合にあっては、政令で定める期間）及び改定又は決定後の標準報酬を老齢厚生年金の額の計算の基礎とするものとし、当該標準報酬改定請求のあった日の属する月の翌月から、年金の額を改定する。

第1章　厚生年金保険法

4　障害厚生年金の受給権者について、当該障害厚生年金の額の計算の基礎となる被保険者期間に係る標準報酬が上記1の規定により改定され、又は決定されたときは、改定又は決定後の標準報酬を基礎として、当該標準報酬改定請求のあった日の属する月の翌月から、年金の額を改定する。ただし、第50条第1項後段の規定（被保険者期間の300か月みなし）が適用されている障害厚生年金については、離婚時みなし被保険者期間は、その計算の基礎としない。

第1章　厚生年金保険法

問題44　厚生年金の第3号分割制度　　難易度 A

Check欄　A□□□　B□□□　C□□□　D□□□　E□□□

1　被扶養配偶者に対する年金たる保険給付に関しては、保険給付の規定に定めるもののほか、被扶養配偶者を有する被保険者が負担した保険料について、当該被扶養配偶者が　　A　　して負担したものであるという基本的認識の下に、厚生年金保険法の定めるところによる。

2　被保険者(被保険者であった者を含む。以下「　　B　　」という。)が被保険者であった期間中に被扶養配偶者(当該　　B　　の配偶者として国民年金の第3号被保険者の要件に該当していたものをいう。)を有する場合において、当該　　B　　の被扶養配偶者は、当該　　B　　と離婚又は婚姻の取消しをしたときその他これに準ずるものとして厚生労働省令で定めるときは、実施機関に対し、　　C　　(当該　　B　　が被保険者であった期間であり、かつ、その被扶養配偶者が当該　　B　　の配偶者として第3号被保険者であった期間をいう。)に係る被保険者期間の標準報酬(　　B　　及び被扶養配偶者の標準報酬をいう。)の改定及び決定を請求することができる。ただし、当該請求をした日において当該　　B　　が　　D　　(当該　　C　　の全部又は一部をその額の計算の基礎とするものに限る。)の受給権者であるときその他の厚生労働省令で定めるときは、この限りでない。

3　実施機関は、上記2の請求があった場合において、　　C　　に係る被保険者期間の各月ごとに、当該　　B　　及び被扶養配偶者の標準報酬月額を当該　　B　　の標準報酬月額に　　E　　を乗じて得た額にそれぞれ改定し、及び決定することができる。

124

第1章 厚生年金保険法

選択肢

① ２分の１ ② ４分の３
③ 遺族厚生年金 ④ 家庭裁判所が定めた割合
⑤ 共同 ⑥ 協力 ⑦ 婚姻期間
⑧ 支援 ⑨ 障害厚生年金 ⑩ 第１号改定者
⑪ 対象期間 ⑫ 当事者の合意に基づく割合
⑬ 特定期間 ⑭ 特定被保険者 ⑮ 特認期間
⑯ 特別改定者 ⑰ 特例被保険者 ⑱ 連帯
⑲ 老齢基礎年金 ⑳ 老齢厚生年金

第1章　厚生年金保険法

解　答

A　⑤　共同　　　　　　　（法78条の13）
B　⑭　特定被保険者　　　（法78条の14）
C　⑬　特定期間　　　　　（法78条の14）
D　⑨　障害厚生年金　　　（法78条の14）
E　①　2分の1　　　　　（法78条の14）

第1章　厚生年金保険法

完成文

1　被扶養配偶者に対する年金たる保険給付に関しては、保険給付の規定に定めるもののほか、被扶養配偶者を有する被保険者が負担した保険料について、当該被扶養配偶者が共同して負担したものであるという基本的認識の下に、厚生年金保険法の定めるところによる。

2　被保険者（被保険者であった者を含む。以下「特定被保険者」という。）が被保険者であった期間中に被扶養配偶者（当該特定被保険者の配偶者として国民年金の第3号被保険者の要件に該当していたものをいう。）を有する場合において、当該特定被保険者の被扶養配偶者は、当該特定被保険者と離婚又は婚姻の取消しをしたときその他これに準ずるものとして厚生労働省令で定めるときは、実施機関に対し、特定期間（当該特定被保険者が被保険者であった期間であり、かつ、その被扶養配偶者が当該特定被保険者の配偶者として第3号被保険者であった期間をいう。）に係る被保険者期間の標準報酬（特定被保険者及び被扶養配偶者の標準報酬をいう。）の改定及び決定を請求することができる。ただし、当該請求をした日において当該特定被保険者が障害厚生年金（当該特定期間の全部又は一部をその額の計算の基礎とするものに限る。）の受給権者であるときその他の厚生労働省令で定めるときは、この限りでない。

3　実施機関は、上記2の請求があった場合において、特定期間に係る被保険者期間の各月ごとに、当該特定被保険者及び被扶養配偶者の標準報酬月額を当該特定被保険者の標準報酬月額に2分の1を乗じて得た額にそれぞれ改定し、及び決定することができる。

第1章　厚生年金保険法

問題45　再評価率の改定　　　　難易度 A

Check欄　A ☐☐☐☐　B ☐☐☐☐　C ☐☐☐☐　D ☐☐☐☐　E ☐☐☐

1　厚生年金保険法による年金たる保険給付の額は、　A　その他の諸
　事情に著しい変動が生じた場合には、変動後の諸事情に応ずるため、速や
　かに改定の措置が講ぜられなければならない。

2　再評価率については、毎年度、　B　を基準として改定し、当該年
　度の4月以降の保険給付について適用する。

3　受給権者が　C　に達した日の属する年度の初日の属する年の
　　D　後の年の4月1日の属する年度(基準年度)以後において適用さ
　れる再評価率(基準年度以後再評価率)の改定については、上記2の規定に
　かかわらず、　E　(　E　が　B　を上回るときは、
　　B　)を基準とする。

選択肢

A	① 国民の生活水準		② 国民の生活水準、賃金	
	③ 人口構造		④ 賃金	
B	① 実質賃金変動率		② 物価変動率	
	③ 名目賃金変動率		④ 名目手取り賃金変動率	
C	① 60歳	② 65歳	③ 70歳	④ 75歳
D	① 2年	② 3年	③ 5年	④ 6年
E	① 実質賃金変動率		② 物価変動率	
	③ 名目賃金変動率		④ 名目手取り賃金変動率	

128

第1章　厚生年金保険法

解　答

A　②　国民の生活水準、賃金　（法2条の2）
B　④　名目手取り賃金変動率　（法43条の2、43条の3）
C　②　65歳　　　　　　　　　（法43条の3）
D　②　3年　　　　　　　　　（法43条の3）
E　②　物価変動率　　　　　　（法43条の3）

完成文

1　厚生年金保険法による年金たる保険給付の額は、国民の生活水準、賃金その他の諸事情に著しい変動が生じた場合には、変動後の諸事情に応ずるため、速やかに改定の措置が講ぜられなければならない。

2　再評価率については、**毎年度**、名目手取り賃金変動率を基準として改定し、当該年度の<u>4</u>月以降の保険給付について適用する。

3　受給権者が65歳に達した日の属する年度の初日の属する年の3年後の年の4月1日の属する年度(基準年度)以後において適用される再評価率(基準年度以後再評価率)の改定については、上記2の規定にかかわらず、物価変動率(物価変動率が名目手取り賃金変動率を上回るときは、名目手取り賃金変動率)を基準とする。

129

第1章　厚生年金保険法

問題46　厚生年金保険原簿等　　難易度 A

Check欄　A□□□　B□□□　C□□□　D□□□　E□□□

1　実施機関は、被保険者に関する原簿を備え、これに被保険者の氏名、資格の取得及び喪失の年月日、　A　、基礎年金番号その他一定の事項を記録しなければならない。

2　　B　であり、又はあった者は、上記1の原簿（以下「厚生年金保険原簿」という。）に記録された自己に係る特定厚生年金保険原簿記録（　B　の資格の取得及び喪失の年月日、　A　その他厚生労働省令で定める事項の内容をいう。以下同じ。）が事実でない、又は厚生年金保険原簿に自己に係る特定厚生年金保険原簿記録が記録されていないと思料するときは、厚生労働省令で定めるところにより、厚生労働大臣に対し、厚生年金保険原簿の　C　の請求をすることができる。

3　厚生労働大臣は、上記2の規定による請求に係る厚生年金保険原簿の　C　に関する方針を定めなければならない。

4　厚生労働大臣は、上記3の方針を定め、又は変更しようとするときは、あらかじめ、　D　に諮問しなければならない。

5　事業主は、その厚生年金保険に関する書類を、その完結の日から　E　、保存しなければならない。

130

第1章　厚生年金保険法

選択肢

①	2年間	②	3年間
③	4年間	④	5年間
⑤	改定	⑥	決定
⑦	裁定	⑧	財務大臣
⑨	社会保険審査会	⑩	社会保障審議会
⑪	第1号厚生年金被保険者	⑫	第2号厚生年金被保険者
⑬	第3号厚生年金被保険者	⑭	第4号厚生年金被保険者
⑮	訂正	⑯	年金記録確認第三者委員会
⑰	標準賞与額	⑱	標準報酬
⑲	標準報酬月額	⑳	標準報酬日額

第1章　厚生年金保険法

解　答

A	⑱	**標準報酬**	（法28条、28の2）
B	⑪	**第1号厚生年金被保険者**	（法28条の2）
C	⑮	**訂正**	（法28条の2、28条の3）
D	⑩	**社会保障審議会**	（法28条の3）
E	①	**2年間**	（則28条）

第1章　厚生年金保険法

完成文

1　実施機関は、被保険者に関する原簿を備え、これに被保険者の氏名、資格の取得及び喪失の年月日、標準報酬、**基礎年金番号**その他一定の事項を記録しなければならない。

2　第1号厚生年金被保険者であり、又はあった者は、上記1の原簿（以下「**厚生年金保険原簿**」という。）に記録された自己に係る**特定厚生年金保険原簿記録**（第1号厚生年金被保険者の資格の取得及び喪失の年月日、標準報酬その他厚生労働省令で定める事項の内容をいう。以下同じ。）が**事実**でない、又は**厚生年金保険原簿**に自己に係る**特定厚生年金保険原簿記録**が記録されていないと**思料**するときは、厚生労働省令で定めるところにより、厚生労働大臣に対し、**厚生年金保険原簿**の訂正の請求をすることができる。

3　厚生労働大臣は、上記2の規定による請求に係る**厚生年金保険原簿**の訂正に関する方針を定めなければならない。

4　厚生労働大臣は、上記3の方針を定め、又は変更しようとするときは、あらかじめ、社会保障審議会に**諮問**しなければならない。

5　事業主は、その厚生年金保険に関する書類を、その完結の日から2年間、保存しなければならない。

第1章　厚生年金保険法

問題47　年金受給権者の確認等　　難易度 B

Check欄　A □□□　B □□□　C □□□　D □□□　E □□□

1　厚生労働大臣は、 A 、 B の規定による老齢厚生年金の
受給権者に係る機構保存本人確認情報の提供を受け、必要な事項について
確認を行うものとする。

2　厚生労働大臣は、上記1の規定により機構保存本人確認情報の提供を受
けるために必要と認める場合は、老齢厚生年金の受給権者に対し、当該受
給権者に係る C の報告を求めることができる。

3　厚生労働大臣は、上記1の規定により必要な事項について確認を行った
場合において、老齢厚生年金の受給権者の D の事実が確認されな
かったとき（一定の場合を除く。）又は必要と認めるときには、当該受給権
者に対し、当該受給権者の生存の事実について確認できる書類の提出を求
めることができる。

4　上記3の規定により書類の提出を求められた受給権者は、指定期限まで
に、当該書類を E に提出しなければならない。

選択肢

① 　2月、4月、6月、8月、10月及び12月に
② 　基礎年金番号　　　③ 　現況届　　　④ 　厚生年金保険法
⑤ 　国内在住　　　⑥ 　国民年金法　　　⑦ 　個人番号
⑧ 　戸籍謄本　　　⑨ 　市町村長　　　⑩ 　四半期ごとに
⑪ 　社会保険審査会　　　⑫ 　住民基本台帳法
⑬ 　受給権者の誕生日の属する月の末日に　　　⑭ 　所得状況
⑮ 　生計維持　　　⑯ 　生存若しくは死亡
⑰ 　地方自治法　　　⑱ 　都道府県知事
⑲ 　日本年金機構　　　⑳ 　毎月

134

第1章　厚生年金保険法

解答

A	⑳	毎月	（則35条）
B	⑫	住民基本台帳法	（則35条）
C	⑦	個人番号	（則35条）
D	⑯	生存若しくは死亡	（則35条）
E	⑲	日本年金機構	（則35条）

完成文

1　厚生労働大臣は、毎月、住民基本台帳法の規定による老齢厚生年金の受給権者に係る**機構保存本人確認情報**の提供を受け、必要な事項について確認を行うものとする。

2　厚生労働大臣は、上記1の規定により**機構保存本人確認情報**の提供を受けるために必要と認める場合は、老齢厚生年金の受給権者に対し、当該受給権者に係る個人番号の報告を求めることができる。

3　厚生労働大臣は、上記1の規定により必要な事項について確認を行った場合において、老齢厚生年金の受給権者の生存若しくは死亡の事実が確認されなかったとき（一定の場合を除く。）又は必要と認めるときには、当該受給権者に対し、当該受給権者の生存の事実について確認できる書類の提出を求めることができる。

4　上記3の規定により書類の提出を求められた受給権者は、指定期限までに、当該書類を日本年金機構に提出しなければならない。

135

第1章　厚生年金保険法

問題48　不服申立て　難易度 B

Check欄　A ☐☐☐　B ☐☐☐　C ☐☐☐　D ☐☐☐　E ☐☐☐

1　厚生労働大臣による被保険者の資格、│　A　│又は保険給付に関する

処分に不服がある者は、│　B　│に対して審査請求をし、その決定に不

服がある者は、│　C　│に対して再審査請求をすることができる。ただ

し、法第28条の４第１項又は第２項の規定による決定（厚生年金保険原簿

の訂正請求に対する措置の規定による決定）については、この限りでない。

2　上記１の審査請求をした日から│　D　│以内に決定がないときは、審

査請求人は、│　B　│が審査請求を棄却したものとみなすことができ

る。

3　上記１の審査請求及び再審査請求は、時効の完成猶予及び更新に関して

は、│　E　│とみなす。

4　厚生労働大臣による保険料等の賦課若しくは徴収の処分又は法第86条の

規定による処分に不服がある者は、│　C　│に対して審査請求をするこ

とができる。

5　厚生労働大臣による脱退一時金に関する処分に不服がある者は、

│　C　│に対して審査請求をすることができる。

6　上記１に規定する処分の取消しの訴えは、当該処分についての審査請求

に対する│　B　│の決定を経た後でなければ、提起することができな

い。

第1章　厚生年金保険法

選択肢

① 　2か月　　　　　② 　30日　　　③ 　3か月　　　④ 　50日
⑤ 　異議申立て　　　⑥ 　企業年金連合会
⑦ 　厚生労働大臣　　⑧ 　国庫補助
⑨ 　裁判所　　　　　⑩ 　裁判上の請求
⑪ 　社会保険審査会　⑫ 　社会保険審査官
⑬ 　障害状態の認定　⑭ 　政府
⑮ 　都道府県知事　　⑯ 　標準報酬
⑰ 　不正利得の徴収　⑱ 　不服申立ての前置
⑲ 　保険者　　　　　⑳ 　保険者の決定

第1章　厚生年金保険法

解　答

A　⑯　**標準報酬**　　　　　（法90条）
B　⑫　**社会保険審査官**　（法90条、91条の3）
C　⑪　**社会保険審査会**　（法90条、91条、附則29条）
D　①　**2か月**　　　　　　（法90条）
E　⑩　**裁判上の請求**　　（法90条）

第1章　厚生年金保険法

完成文

1　厚生労働大臣による被保険者の資格、標準報酬又は保険給付に関する処分に不服がある者は、社会保険審査官に対して審査請求をし、その決定に不服がある者は、社会保険審査会に対して再審査請求をすることができる。ただし、法第28条の4第1項又は第2項の規定による決定(厚生年金保険原簿の訂正請求に対する措置の規定による決定)については、この限りでない。

2　上記1の審査請求をした日から2か月以内に決定がないときは、審査請求人は、社会保険審査官が審査請求を棄却したものとみなすことができる。

3　上記1の審査請求及び再審査請求は、時効の完成猶予及び更新に関しては、裁判上の請求とみなす。

4　厚生労働大臣による保険料等の賦課若しくは徴収の処分又は法第86条の規定による処分に不服がある者は、社会保険審査会に対して審査請求をすることができる。

5　厚生労働大臣による脱退一時金に関する処分に不服がある者は、社会保険審査会に対して審査請求をすることができる。

6　上記1に規定する処分の取消しの訴えは、当該処分についての審査請求に対する社会保険審査官の決定を経た後でなければ、提起することができない。

第1章　厚生年金保険法

問題49　時　効

難易度 B

Check欄 A ☐☐☐　B ☐☐☐　C ☐☐☐　D ☐☐☐　E ☐☐☐

1　保険料その他この法律の規定による徴収金を徴収し、又はその還付を受ける権利は、これらを行使することができる時から　　A　　を経過したとき、保険給付を受ける権利は、その支給すべき事由が生じた日から　　B　　を経過したとき、当該権利に基づき支払期月ごとに支払うものとされる保険給付の支給を受ける権利は、当該日の属する月の翌月以後に到来する当該保険給付の支給に係る支払期月の翌月の初日から　　B　　を経過したとき、保険給付の返還を受ける権利は、これを行使することができる時から　　B　　を経過したときは、時効によって、消滅する。

2　　　C　　の時効については、その　　D　　を要せず、また、その利益を放棄することができないものとする。

3　年金たる保険給付を受ける権利の時効は、当該年金たる保険給付が　　E　　は、進行しない。

4　保険料その他この法律の規定による徴収金の納入の告知又は督促は、時効の更新の効力を有する。

5　上記1に規定する保険給付を受ける権利又は当該権利に基づき支払期月ごとに支払うものとされる保険給付の支給を受ける権利については、会計法第31条の規定を適用しない。

第1章　厚生年金保険法

選択肢

A	①	2 年	②	3 年	③	5 年	④	6 年
B	①	2 年	②	3 年	③	5 年	④	6 年
C	①　年金たる保険給付を受ける権利 ②　保険料その他この法律の規定による徴収金を徴収し、又はその 　　還付を受ける権利 ③　保険料その他この法律の規定による徴収金を徴収し、若しくは 　　その還付を受ける権利又は年金たる保険給付を受ける権利 ④　保険料その他この法律の規定による徴収金を徴収し、若しくは 　　その還付を受ける権利又は保険給付の返還を受ける権利							
D	①	援用	②	請願	③	聴聞	④	追認
E	①　裁定請求されるまでの間 ②　その支払を一時差し止められている間 ③　その全額につき支給を停止されている間 ④　その全部又は一部につき支給を停止されている間							

141

第1章　厚生年金保険法

解　答

A　①　２年　　　　　　　　　　　　　　　　　　　　　（法92条）

B　③　５年　　　　　　　　　　　　　　　　　　　　　（法92条）

C　④　保険料その他この法律の規定による徴収金を徴収し、若しくはその還付を受ける権利又は保険給付の返還を受ける権利　　（法92条）

D　①　援用　　　　　　　　　　　　　　　　　　　　　（法92条）

E　③　その全額につき支給を停止されている間　　　　　（法92条）

第1章　厚生年金保険法

完成文

1　保険料その他この法律の規定による徴収金を徴収し、又はその還付を受ける権利は、これらを行使することができる時から2年を経過したとき、保険給付を受ける権利は、その支給すべき事由が生じた日から5年を経過したとき、当該権利に基づき支払期月ごとに支払うものとされる保険給付の支給を受ける権利は、当該日の属する月の翌月以後に到来する当該保険給付の支給に係る支払期月の翌月の初日から5年を経過したとき、保険給付の返還を受ける権利は、これを行使することができる時から5年を経過したときは、時効によって、消滅する。

2　保険料その他この法律の規定による徴収金を徴収し、若しくはその還付を受ける権利又は保険給付の返還を受ける権利の時効については、その援用を要せず、また、その利益を放棄することができないものとする。

3　年金たる保険給付を受ける権利の時効は、当該年金たる保険給付がその全額につき支給を停止されている間は、進行しない。

4　保険料その他この法律の規定による徴収金の納入の告知又は督促は、時効の更新の効力を有する。

5　上記1に規定する保険給付を受ける権利又は当該権利に基づき支払期月ごとに支払うものとされる保険給付の支給を受ける権利については、会計法第31条の規定を適用しない。

143

第２章

厚生年金保険法（過去本試験問題）

第2章　厚生年金保険法（過去本試験問題）

問題 1　平成26年（改題）

難易度 **B**

Check欄 A ☐☐☐ B ☐☐☐ C ☐☐☐ D ☐☐☐ E ☐☐☐

1　特別会計積立金の運用は、厚生労働大臣が、厚生年金保険法第79条の2に規定される目的に沿った運用に基づく納付金の納付を目的として、　A　に対し、特別会計積立金を　B　することにより行うものとする。

2　障害手当金は、疾病にかかり、又は負傷し、その傷病に係る初診日において被保険者であった者が、当該初診日から起算して　C　を経過する日までの間におけるその傷病の治った日において、その傷病により政令で定める程度の障害の状態である場合に、その者に支給する。

3　障害手当金の額は、厚生年金保険法第50条第1項の規定の例により計算した額の100分の200に相当する額とする。ただし、その額が障害等級3級の障害厚生年金の最低保障額に　D　を乗じて得た額に満たないときは、当該額とする。

4　年金たる保険給付の受給権者が死亡したため、その受給権が消滅したにもかかわらず、その死亡の日の属する月の翌月以後の分として当該年金たる保険給付の過誤払が行われた場合において、当該過誤払による返還金に係る債権に係る債務の弁済をすべき者に支払うべき年金たる保険給付があるときは、厚生労働省令で定めるところにより、当該年金たる保険給付の支払金の金額を当該過誤払による返還金に係る債権の金額　E　ことができる。

第2章　厚生年金保険法（過去本試験問題）

選択肢

①	1.25	②	1.5	③	2
④	3	⑤	1年	⑥	1年6か月
⑦	3年	⑧	5年	⑨	移管
⑩	委託	⑪	寄託	⑫	財務省
⑬	資産管理運用機関	⑭	と相殺する		
⑮	に充当する	⑯	日本年金機構		
⑰	に補填する	⑱	年金積立金管理運用独立行政法人		
⑲	の内払とみなす	⑳	預託		

第2章　厚生年金保険法（過去本試験問題）

解　答

A	⑱	年金積立金管理運用独立行政法人	（法79条の3）
B	⑪	寄託	（法79条の3）
C	⑧	5年	（法55条）
D	③	2	（法57条）
E	⑮	に充当する	（法39条の2）

合格基準点　**3点以上**

148

第2章　厚生年金保険法(過去本試験問題)

第2章　厚生年金保険法(過去本試験問題)

問題2　平成27年　　　　　　　　　　　　　　　　　　　難易度 B

Check欄 A□□□ B□□□ C□□□ D□□□ E□□□

　昭和30年4月2日生まれの男子に係る特別支給の老齢厚生年金について、報酬比例部分の支給開始年齢は62歳であり、定額部分の支給は受けられないが、

(1)　厚生年金保険法附則第9条の2第1項及び第5項各号に規定する、傷病により障害等級に該当する程度の障害の状態にあるとき

(2)　被保険者期間が　　A　　以上であるとき

(3)　坑内員たる被保険者であった期間と船員たる被保険者であった期間とを合算した期間が　　B　　以上であるとき

のいずれかに該当する場合には、60歳台前半に定額部分の支給を受けることができる。

　上記の(1)から(3)のうち、「被保険者でない」という要件が求められるのは、　　C　　であり、定額部分の支給を受けるために受給権者の請求が必要(請求があったものとみなされる場合を含む。)であるのは、　　D　　である。

　また(3)に該当する場合、この者に支給される定額部分の年金額(平成27年度)は、　　E　　に改定率を乗じて得た額(その額に50銭未満の端数が生じたときは、これを切り捨て、50銭以上1円未満の端数が生じたときは、これを1円に切り上げる。)に被保険者期間の月数(当該月数が480か月を超えるときは、480か月とする。)を乗じて得た額である。

150

第2章　厚生年金保険法（過去本試験問題）

選択肢

A	① 42年　② 43年 ③ 44年　④ 45年
B	① 10年　② 15年 ③ 20年　④ 25年
C	① (1)及び(2)　② (1)、(2)及び(3) ③ (2)のみ　④ (2)及び(3)
D	① (1)のみ　② (1)及び(2) ③ (1)及び(3)　④ (1)、(2)及び(3)
E	① 1,628円 ② 1,628円に生年月日に応じて政令で定める率である1.032を乗じて得た額 ③ 1,676円 ④ 1,676円に生年月日に応じて政令で定める率である1.032を乗じて得た額

151

第2章　厚生年金保険法（過去本試験問題）

解　答

A　③　44年　　　（法附則9条の3）
B　②　15年　　　（法附則9条の4）
C　①　(1)及び(2)　（法附則9条の2、9条の3）
D　①　(1)のみ　　（法附則9条の2）
E　①　1,628円　　（法附則9条の2）

合格基準点　**2点以上**

第2章　厚生年金保険法（過去本試験問題）

153

第2章　厚生年金保険法（過去本試験問題）

問題3　平成28年 　　　難易度 A

Check欄　A□□□□　B□□□□　C□□□□　D□□□□　E□□□□

1　厚生年金保険法第46条第１項の規定によると、60歳台後半の老齢厚生年金の受給権者が被保険者（前月以前の月に属する日から引き続き当該被保険者の資格を有する者に限る。）である日（厚生労働省令で定める日を除く。）が属する月において、その者の標準報酬月額とその月以前の１年間の標準賞与額の総額を12で除して得た額とを合算して得た額（以下「　A　」という。）及び老齢厚生年金の額（厚生年金保険法第44条第１項に規定する加給年金額及び同法第44条の３第４項に規定する加算額を除く。以下同じ。）を12で除して得た額（以下「基本月額」という。）との合計額が　B　を超えるときは、その月の分の当該老齢厚生年金について、　A　と基本月額との合計額から　B　を控除して得た額の２分の１に相当する額に12を乗じて得た額（以下「　C　」という。）に相当する部分の支給を停止する。ただし、　C　が老齢厚生年金の額以上であるときは老齢厚生年金の全部（同法第44条の３第４項に規定する加算額を除く。）の支給を停止するものとされている。

2　厚生年金保険法第79条の規定によると、政府等は、厚生年金保険事業の円滑な実施を図るため、厚生年金保険に関し、次に掲げる事業を行うことができるとされている。

(1)　教育及び広報を行うこと。

(2)　被保険者、受給権者その他の関係者（以下「被保険者等」という。）に対し、　D　を行うこと。

(3)　被保険者等に対し、被保険者等が行う手続きに関する情報その他の被保険者等の利便の向上に資する情報を提供すること。

※　E　は改正等により削除

第 2 章　厚生年金保険法（過去本試験問題）

―――――――――――――――

┌─**選択肢**─────────────────────────────────┐

① 株式会社日本政策金融公庫　　② 支給調整開始額

③ 支給調整基準額　　　　　　　④ 支給停止開始額

⑤ 支給停止額　　　　　　　　　⑥ 支給停止基準額

⑦ 支給停止調整額　　　　　　　⑧ 生活設計の支援

⑨ 制度の周知　　　　　　　　　⑩ 相談その他の援助

⑪ 総報酬月額　　　　　　　　　⑫ 総報酬月額相当額

⑬ 定額部分　　　　　　　　　　⑭ 独立行政法人福祉医療機構

⑮ 都道府県社会福祉協議会

⑯ 年金積立金管理運用独立行政法人

⑰ 標準賞与月額相当額　　　　　⑱ 平均標準報酬月額

⑲ 報酬比例部分　　　　　　　　⑳ 老後の支援

└──────────────────────────────────────┘

第2章　厚生年金保険法（過去本試験問題）

解　答

A　⑫　総報酬月額相当額　（法46条）
B　⑦　支給停止調整額　（法46条）
C　⑥　支給停止基準額　（法46条）
D　⑩　相談その他の援助　（法79条）
E　　　改正等により削除

合格基準点　**3点以上**

第2章　厚生年金保険法(過去本試験問題)

問題 4　平成29年(改題)　難易度 B

Check欄　A ☐☐☐　B ☐☐☐　C ☐☐☐　D ☐☐☐　E ☐☐☐

1　厚生年金保険法第80条第1項の規定により、国庫は、毎年度、厚生年金保険の実施者たる政府が負担する　　A　　に相当する額を負担する。

2　遺族厚生年金に加算される中高齢寡婦加算の額は、国民年金法第38条に規定する遺族基礎年金の額に　　B　　を乗じて得た額(その額に50円未満の端数が生じたときは、これを切り捨て、50円以上100円未満の端数が生じたときは、これを100円に切り上げるものとする。)として算出される。

3　厚生年金保険法第78条の14の規定によるいわゆる3号分割における標準報酬の改定請求の対象となる特定期間は、　　C　　以後の期間に限られる。

4　厚生年金保険法第78条の2の規定によるいわゆる合意分割の請求は、離婚等をした日の翌日から起算して2年を経過したときは、原則として行うことはできないが、離婚等をした日の翌日から起算して2年を経過した日前に請求すべき按分割合に関する審判の申立てがあったときであって、当該按分割合を定めた審判が離婚等をしたときから2年を経過した後に確定したときは、当該確定した日　　D　　を経過する日までは合意分割の請求を行うことができる。

　また、合意分割で請求すべき按分割合は、当事者それぞれの対象期間標準報酬総額の合計額に対する、　　E　　の範囲内で定められなければならない。

158

第 2 章　厚生年金保険法 (過去本試験問題)

選択肢

① 　2 分の 1
② 　3 分の 2
③ 　4 分の 3
④ 　100 分の 125
⑤ 　から起算して 6 か月
⑥ 　から起算して 3 か月
⑦ 　基礎年金拠出金の額の 2 分の 1
⑧ 　基礎年金拠出金の額の 3 分の 1
⑨ 　事務の執行に要する費用の 2 分の 1
⑩ 　昭和61年 4 月 1 日
⑪ 　第 1 号改定者の対象期間標準報酬総額の割合を超え 2 分の 1 以下
⑫ 　第 1 号改定者の対象期間標準報酬総額の割合を超え第 2 号改定者の
　　対象期間標準報酬総額の割合以下
⑬ 　第 2 号改定者の対象期間標準報酬総額の割合を超え 2 分の 1 以下
⑭ 　第 2 号改定者の対象期間標準報酬総額の割合を超え第 1 号改定者の
　　対象期間標準報酬総額の割合以下
⑮ 　の翌日から起算して 6 か月
⑯ 　の翌日から起算して 3 か月
⑰ 　平成12年 4 月 1 日
⑱ 　平成19年 4 月 1 日
⑲ 　平成20年 4 月 1 日
⑳ 　保険給付費の 2 分の 1

第2章　厚生年金保険法（過去本試験問題）

解　答

A　⑦　基礎年金拠出金の額の2分の1　　（法80条）

B　③　4分の3　　　　　　　　　　　　（法62条）

C　⑲　平成20年4月1日　　　　　　　（H16法附則49条）

D　⑮　の翌日から起算して6か月　　　（則78条の3）

E　⑬　第2号改定者の対象期間標準報酬総額の割合を超え2分の1以下
　　　　　　　　　　　　　　　　　　　　　　　　　（法78条の3）

合格基準点　3点以上

160

第 2 章　厚生年金保険法（過去本試験問題）

第2章　厚生年金保険法（過去本試験問題）

問題 5　平成30年　　　　　　　難易度 A

Check欄 A ▢▢▢ B ▢▢▢ C ▢▢▢ D ▢▢▢ E ▢▢▢

1　厚生年金保険法第83条第2項の規定によると、厚生労働大臣は、納入の告知をした保険料額が当該納付義務者が納付すべき保険料額をこえていることを知ったとき、又は納付した保険料額が当該納付義務者が納付すべき保険料額をこえていることを知ったときは、そのこえている部分に関する納入の告知又は納付を、その　　 A 　　以内の期日に納付されるべき保険料について納期を繰り上げてしたものとみなすことができるとされている。

2　厚生年金保険法第79条の2の規定によると、積立金（特別会計積立金及び実施機関積立金をいう。以下同じ。）の運用は、積立金が厚生年金保険の　　 B 　　の一部であり、かつ、将来の保険給付の貴重な財源となるものであることに特に留意し、　　 C 　　の利益のために、長期的な観点から、安全かつ効率的に行うことにより、将来にわたって、厚生年金保険事業の運営の安定に資することを目的として行うものとされている。

3　厚生年金保険法第26条第1項の規定によると、3歳に満たない子を養育し、又は養育していた被保険者又は被保険者であった者が、主務省令で定めるところにより実施機関に申出（被保険者にあっては、その使用される事業所の事業主を経由して行うものとする。）をしたときは、当該子を養育することとなった日（厚生労働省令で定める事実が生じた日にあっては、その日）の属する月から当該子が3歳に達したときに該当するに　　 D 　　までの各月のうち、その標準報酬月額が当該子を養育することとなった日の属する月の前月（当該月において被保険者でない場合にあっては、当該月前　　 E 　　における被保険者であった月のうち直近の月。以下「基準月」という。）の標準報酬月額（同項の規定により当該子以外の子に係る基準月の標準報酬月額が標準報酬月額とみなされている場合にあっ

162

第2章　厚生年金保険法（過去本試験問題）

ては、当該みなされた基準月の標準報酬月額。以下「従前標準報酬月額」という。）を下回る月（当該申出が行われた日の属する月前の月にあっては、当該申出が行われた日の属する月の前月までの2年間のうちにあるものに限る。）については、従前標準報酬月額を当該下回る月の厚生年金保険法第43条第1項に規定する平均標準報酬額の計算の基礎となる標準報酬月額とみなすとされている。

選択肢

① 1年以内
② 1年6か月以内
③ 2年以内
④ 6か月以内
⑤ 至った日の属する月
⑥ 至った日の属する月の前月
⑦ 至った日の翌日の属する月
⑧ 至った日の翌日の属する月の前月
⑨ 事業主から徴収された保険料
⑩ 事業主から徴収された保険料及び国庫負担
⑪ 納入の告知又は納付の日から1年
⑫ 納入の告知又は納付の日から6か月
⑬ 納入の告知又は納付の日の翌日から1年
⑭ 納入の告知又は納付の日の翌日から6か月
⑮ 被保険者から徴収された保険料
⑯ 被保険者から徴収された保険料及び国庫負担
⑰ 広く国民
⑱ 広く国民年金の被保険者
⑲ 専ら厚生年金保険の被保険者
⑳ 専ら適用事業所

163

第2章　厚生年金保険法（過去本試験問題）

解　答

A　⑭　納入の告知又は納付の日の翌日から６か月　（法83条）
B　⑮　被保険者から徴収された保険料　（法79条の２）
C　⑲　専ら厚生年金保険の被保険者　（法79条の２）
D　⑧　至った日の翌日の属する月の前月　（法26条）
E　①　１年以内　（法26条）

合格基準点　**3 点以上**

第2章　厚生年金保険法(過去本試験問題)

165

第2章　厚生年金保険法（過去本試験問題）

問題6　令和元年　　　　　　　　　　　　　難易度 C

Check欄　A□□□　B□□□　C□□□　D□□□　E□□□

1　保険料の納付義務者が保険料を滞納した場合には、厚生労働大臣は納付義務者に対して期限を指定してこれを督促しなければならないが、この期限は督促状を　　A　　以上を経過した日でなければならない。これに対して、当該督促を受けた者がその指定の期限までに保険料を納付しないときは、厚生労働大臣は国税滞納処分の例によってこれを処分することができるが、厚生労働大臣は所定の要件に該当する場合にはこの権限を財務大臣に委任することができる。この要件のうち、滞納の月数と滞納の金額についての要件は、それぞれ　　B　　である。

2　政府は、財政の現況及び見通しを作成するに当たり、厚生年金保険事業の財政が、財政均衡期間の終了時に保険給付の支給に支障が生じないようにするために必要な積立金（年金特別会計の厚生年金勘定の積立金及び厚生年金保険法第79条の2に規定する実施機関積立金をいう。）を政府等が保有しつつ当該財政均衡期間にわたってその均衡を保つことができないと見込まれる場合には、　　C　　を調整するものとされている。

3　年金は、毎年2月、4月、6月、8月、10月及び12月の6期に、それぞれその前月分までを支払うが、前支払期月に支払うべきであった年金又は権利が消滅した場合若しくは年金の支給を停止した場合におけるその期の年金は、その額に1円未満の端数が生じたときはこれを切り捨てて、支払期月でない月であっても、支払うものとする。また、毎年　　D　　までの間において上記により切り捨てた金額の合計額（1円未満の端数が生じたときは、これを切り捨てた額）については、これを　　E　　の年金額に加算するものとする。

166

第2章　厚生年金保険法（過去本試験問題）

―選択肢―

① 　1月から12月
② 　3月から翌年2月
③ 　4月から翌年3月
④ 　9月から翌年8月
⑤ 12か月分以上及び1億円以上
⑥ 12か月分以上及び5千万円以上
⑦ 24か月分以上及び1億円以上
⑧ 24か月分以上及び5千万円以上
⑨ 国庫負担金の額
⑩ 次年度の4月の支払期月
⑪ 支払期月でない月
⑫ 受領した日から起算して10日
⑬ 受領した日から起算して20日
⑭ 積立金の額
⑮ 当該2月の支払期月
⑯ 当該12月の支払期月
⑰ 発する日から起算して10日
⑱ 発する日から起算して20日
⑲ 保険給付の額
⑳ 保険料の額

167

第 2 章　厚生年金保険法（過去本試験問題）

解　答

A	⑰	発する日から起算して10日	（法86条）
B	⑧	24か月分以上及び５千万円以上	（令４条の２の16）
C	⑲	保険給付の額	（法34条）
D	②	３月から翌年２月	（法36条の２）
E	⑮	当該２月の支払期月	（法36条の２）

合格基準点　**3 点以上**

第2章　厚生年金保険法（過去本試験問題）

第2章　厚生年金保険法（過去本試験問題）

問題7　令和2年　　　難易度 C

Check欄　A ☐☐☐　B ☐☐☐　C ☐☐☐　D ☐☐☐　E ☐☐☐

1　厚生年金保険法第31条の2の規定によると、実施機関は、厚生年金保険制度に対する　 A 　を増進させ、及びその信頼を向上させるため、主務省令で定めるところにより、被保険者に対し、当該被保険者の保険料納付の実績及び将来の給付に関する必要な情報を分かりやすい形で通知するものとするとされている。

2　厚生年金保険法第44条の3第1項の規定によると、老齢厚生年金の受給権を有する者であってその　 B 　前に当該老齢厚生年金を請求していなかったものは、実施機関に当該老齢厚生年金の支給繰下げの申出をすることができるとされている。ただし、その者が当該老齢厚生年金の受給権を取得したときに、他の年金たる給付（他の年金たる保険給付又は国民年金法による年金たる給付（　 C 　を除く。）をいう。）の受給権者であったとき、又は当該老齢厚生年金の　 B 　までの間において他の年金たる給付の受給権者となったときは、この限りでないとされている。

3　厚生年金保険法第78条の2第1項の規定によると、第1号改定者又は第2号改定者は、離婚等をした場合であって、当事者が標準報酬の改定又は決定の請求をすること及び請求すべき　 D 　について合意しているときは、実施機関に対し、当該離婚等について対象期間に係る被保険者期間の標準報酬の改定又は決定を請求することができるとされている。ただし、当該離婚等をしたときから　 E 　を経過したときその他の厚生労働省令で定める場合に該当するときは、この限りでないとされている。

170

第 2 章　厚生年金保険法（過去本試験問題）

選択肢

① 1 年　② 2 年　③ 3 年

④ 6 か月　⑤ 按分割合　⑥ 改定額

⑦ 改定請求額　⑧ 改定割合　⑨ 国民の理解

⑩ 受給権者の理解

⑪ 受給権を取得した日から起算して 1 か月を経過した日

⑫ 受給権を取得した日から起算して 1 年を経過した日

⑬ 受給権を取得した日から起算して 5 年を経過した日

⑭ 受給権を取得した日から起算して 6 か月を経過した日

⑮ 被保険者及び被保険者であった者の理解

⑯ 被保険者の理解

⑰ 付加年金及び障害基礎年金並びに遺族基礎年金

⑱ 老齢基礎年金及び障害基礎年金並びに遺族基礎年金

⑲ 老齢基礎年金及び付加年金並びに遺族基礎年金

⑳ 老齢基礎年金及び付加年金並びに障害基礎年金

第2章　厚生年金保険法（過去本試験問題）

解　答

A	⑨	国民の理解	（法31条の2）
B	⑫	受給権を取得した日から起算して1年を経過した日	（法44条の3）
C	⑳	老齢基礎年金及び付加年金並びに障害基礎年金	（法44条の3）
D	⑤	按分割合	（法78条の2）
E	②	2年	（法78条の2）

合格基準点　3点以上

172

第2章　厚生年金保険法（過去本試験問題）

問題8　令和3年　　　　　　　　　　　　　　　　　難易度 B

Check欄　A ☐☐☐☐　B ☐☐☐☐　C ☐☐☐☐　D ☐☐☐☐　E ☐☐☐☐

1　厚生年金保険法における賞与とは、賃金、給料、俸給、手当、賞与その他いかなる名称であるかを問わず、労働者が労働の対償として受ける全てのもののうち、　A　受けるものをいう。

2　厚生年金保険法第84条の3の規定によると、政府は、政令で定めるところにより、毎年度、実施機関（厚生労働大臣を除く。以下本問において同じ。）ごとに実施機関に係る　B　として算定した金額を、当該実施機関に対して　C　するとされている。

3　厚生年金保険法第8条の2第1項の規定によると、2以上の適用事業所（　D　を除く。）の事業主が同一である場合には、当該事業主は、　E　当該2以上の事業所を1の事業所とすることができるとされている。

選択肢

① 2か月を超える期間ごとに　　　　② 3か月を超える期間ごとに
③ 4か月を超える期間ごとに　　　　④ 拠出金として交付
⑤ 国又は地方公共団体　　　　　　　⑥ 厚生年金保険給付費等
⑦ 厚生労働大臣に届け出ることによって、
⑧ 厚生労働大臣の確認を受けることによって、
⑨ 厚生労働大臣の承認を受けて、
⑩ 厚生労働大臣の認可を受けて、
⑪ 交付金として交付　　　　　　　　⑫ 執行に要する費用等
⑬ 事務取扱費等　　　　　　　　　　⑭ 船舶
⑮ その事業所に使用される労働者の数が政令で定める人数以下のもの
⑯ 特定適用事業所　　　　　　　　　⑰ 特別支給金として支給
⑱ 納付金として支給　　　　　　　　⑲ 予備費等　　⑳ 臨時に

174

第2章　厚生年金保険法（過去本試験問題）

解 答

A	②	3か月を超える期間ごとに	（法3条）
B	⑥	厚生年金保険給付費等	（法84条の3）
C	⑪	交付金として交付	（法84条の3）
D	⑭	船舶	（法8条の2）
E	⑨	厚生労働大臣の承認を受けて、	（法8条の2）

合格基準点　3点以上

175

第2章　厚生年金保険法（過去本試験問題）

問題 9　令和 4 年　　　　　　　　　　難易度 C

Check欄　A □□□　B □□□　C □□□　D □□□　E □□□

1　厚生年金保険法第81条の2の2第1項の規定によると、産前産後休業を
している被保険者が使用される事業所の事業主が、主務省令で定めるとこ
ろにより実施機関に申出をしたときは、同法第81条第2項の規定にかかわ
らず当該被保険者に係る保険料であってその産前産後休業を　　A　　か
らその産前産後休業が　　B　　までの期間に係るものの徴収は行わない
とされている。

2　厚生年金保険の被保険者であるX（50歳）は、妻であるY（45歳）及びYと
Yの先夫との子であるZ（10歳）と生活を共にしていた。XとZは養子縁組
をしていないが、事実上の親子関係にあった。また、Xは、Xの先妻であ
るV（50歳）及びXとVとの子であるW（15歳）にも養育費を支払っていた。
V及びWは、Xとは別の都道府県に在住している。この状況で、Xが死亡
した場合、遺族厚生年金が最初に支給されるのは、　　C　　である。な
お、遺族厚生年金に係る保険料納付要件及び生計維持要件は満たされてい
るものとする。

3　改正等により削除

4　厚生年金保険法第47条の2によると、疾病にかかり、又は負傷し、か
つ、その傷病に係る初診日において被保険者であった者であって、障害認
定日において同法第47条第2項に規定する障害等級（以下「障害等級」とい
う。）に該当する程度の障害の状態になかったものが、障害認定日から同日
後　　E　　までの間において、その傷病により障害の状態が悪化し、障
害等級に該当する程度の障害の状態に該当するに至ったときは、その者
は、その期間内に障害厚生年金の支給を請求することができる。なお、障
害厚生年金に係る保険料納付要件は満たされているものとする。

※　　D　　は改正等により削除

176

第 2 章　厚生年金保険法（過去本試験問題）

選択肢

① 　1 年半を経過する日　　　　② 　5 年を経過する日

③ 　60歳に達する日の前日　　　④ 　65歳に達する日の前日

⑤ 　開始した日の属する月

⑥ 　開始した日の属する月の翌月

⑦ 　開始した日の翌日が属する月

⑧ 　開始した日の翌日が属する月の翌月

⑨ 　月額 2 万円　　　　　　　⑩ 　月額 4 万円

⑪ 　月額 5 万円　　　　　　　⑫ 　月額10万円

⑬ 　終了する日の属する月

⑭ 　終了する日の属する月の前月

⑮ 　終了する日の翌日が属する月

⑯ 　終了する日の翌日が属する月の前月

⑰ 　V　　　　⑱ 　W　　　　⑲ 　Y　　　　⑳ 　Z

第2章　厚生年金保険法（過去本試験問題）

解　答

A	⑤	開始した日の属する月	（法81条の2の2）
B	⑯	終了する日の翌日が属する月の前月	（法81条の2の2）
C	⑱	W	（法66条）
D		改正等により削除	
E	④	65歳に達する日の前日	（法47条の2）

合格基準点　**3点以上**

178

第 2 章　厚生年金保険法（過去本試験問題）

第2章　厚生年金保険法（過去本試験問題）

問題10　令和5年

難易度 **C**

Check欄 A ☐☐☐　B ☐☐☐　C ☐☐☐　D ☐☐☐　E ☐☐☐

1　厚生年金保険法第100条の9の規定によると、同法に規定する厚生労働大臣の権限（同法第100条の5第1項及び第2項に規定する厚生労働大臣の権限を除く。）は、厚生労働省令（同法第28条の4に規定する厚生労働大臣の権限にあっては、政令）で定めるところにより、　A　　に委任することができ、　A　　に委任された権限は、厚生労働省令（同法第28条の4に規定する厚生労働大臣の権限にあっては、政令）で定めるところにより、　B　　に委任することができるとされている。

2　甲は20歳の誕生日に就職し、厚生年金保険の被保険者の資格を取得したが、40代半ばから物忘れによる仕事でのミスが続き、46歳に達した日に退職をし、その翌日に厚生年金保険の被保険者の資格を喪失した。退職した後、物忘れが悪化し、退職の3か月後に、当該症状について初めて病院で診察を受けたところ、若年性認知症の診断を受けた。その後、当該認知症に起因する障害により、障害認定日に障害等級2級に該当する程度の障害の状態にあると認定された。これにより、甲は障害年金を受給することができたが、障害等級2級に該当する程度の障害の状態のまま再就職することなく、令和5年4月に52歳で死亡した。甲には、死亡の当時、生計を同一にする50歳の妻（乙）と17歳の未婚の子がおり、乙の前年収入は年額500万円、子の前年収入は0円であった。この事例において、甲が受給していた障害年金と乙が受給できる遺族年金をすべて挙げれば、　C　　となる。

3　令和X年度の年金額改定に用いる物価変動率がプラス0.2%、名目手取り賃金変動率がマイナス0.2%、マクロ経済スライドによるスライド調整率がマイナス0.3%、前年度までのマクロ経済スライドの未調整分が0%だった場合、令和X年度の既裁定者（令和X年度が68歳到達年度以後であ

第2章　厚生年金保険法（過去本試験問題）

る受給権者）の年金額は、前年度から　　D　　となる。なお、令和X年
度においても、現行の年金額の改定ルールが適用されているものとする。

4　厚生年金保険法第67条第1項の規定によれば、配偶者又は子に対する遺
族厚生年金は、その配偶者又は子の所在が　　E　　以上明らかでないと
きは、遺族厚生年金の受給権を有する子又は配偶者の申請によって、その
所在が明らかでなくなったときにさかのぼって、その支給を停止する。

選択肢

① 　0.1％の引下げ 　　　　　　　　② 　0.2％の引下げ
③ 　0.5％の引下げ 　　　　　　　　④ 　1か月
⑤ 　1年 　　　　　　　　　　　　　⑥ 　3か月
⑦ 　3年 　　　　　　　　　　　　　⑧ 　国税庁長官
⑨ 　財務大臣 　　　　　　　　　　 ⑩ 　市町村長
⑪ 　障害基礎年金、遺族基礎年金
⑫ 　障害基礎年金、遺族基礎年金、遺族厚生年金
⑬ 　障害基礎年金、障害厚生年金、遺族基礎年金
⑭ 　障害基礎年金、障害厚生年金、遺族基礎年金、遺族厚生年金
⑮ 　据置き 　　　　　　　　　　　 ⑯ 　地方厚生局長
⑰ 　地方厚生支局長 　　　　　　　 ⑱ 　都道府県知事
⑲ 　日本年金機構理事長 　　　　　 ⑳ 　年金事務所長

181

第2章 厚生年金保険法（過去本試験問題）

解　答

A ⑯　地方厚生局長　　（法100条の9）
B ⑰　地方厚生支局長　（法100条の9）
C ⑫　障害基礎年金、遺族基礎年金、遺族厚生年金
　　　　　　　　　　　　（法47条、58条、59条）
D ②　0.2％の引下げ　（法43条の3、43条の5）
E ⑤　1年　　　　　　（法67条）

合格基準点　**3点以上**

182

社労士24

2024年受験対策
効率的に学習して「24時間で。社労士に。」

時間の達人シリーズ Web通信
「24時間で インプット講義が完了。」

1テーマを約3分〜15分に分割！
スキマ時間を最大限活用可能。

金沢博憲 講師

「お仕事や家庭のことで時間がない」。
そのような方に合格していただきたいという思いが開発のきっかけです。コンセプトは「時間の長さ」ではなく「時間当たりの情報密度」を重視する。それが「社労士24」です。
「3時間の内容を1時間で」ご理解いただけるような講義・教材を提供いたします。

開講日・受講料（消費税込）

Web通信

■時間の達人シリーズ 社労士24

受講方法	教材発送日	受講料	
Web通信	8/24（木）より順次発送 （8/28（月）より講義配信開始）	**79,800円** （大学生協等割引価格 75,810円）	入学金不要

■時間の達人シリーズ 社労士24+直前対策

受講方法	教材発送日	受講料	
Web通信	8/24（木）より順次発送 （8/28（月）より講義配信開始）	**128,000円** （大学生協等割引価格 121,600円）	入学金不要

Webテストで実力確認！
科目ごとにWebテストを実施します。Webで実施するので、リアルタイムで得点を確認できます。弱点を確認して補強することで着実に実力がアップします。

全体像レクチャー
デジタルコンテンツだからこそ実現。
常に全体像が意識できる展開。

O-hara micro learning
1単元は3分から15分。
スキマ時間を最大活用可能。

全科目インプット講義が24時間で完了
デジタルコンテンツ活用により無駄を極限まで除去。

専用レクチャーテキスト
レクチャー画面と同内容のレクチャーテキストをお手元に。

同じ内容

社労士24専用レクチャーテキスト

社労士24がよく分かる！
ガイダンス・体験講義も配信中！

大原 社労士24 検索

Twitter
『時間の達人 社労士試験
@Sharoushi24』

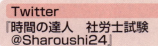

本試験前最後の最終チェックに必須！
2024年受験対策　全国統一公開模擬試験

2024年社会保険労務士試験直前の実力試しに最適な「全国統一公開模擬試験」は、大原の本試験予想問題も兼ねております。毎年、模擬試験からは本試験の的中問題も数多く出題されています。

社労士本試験直前の総仕上げと実力試しに大原の全国統一公開模擬試験！

5つの特長

1. 質の高い本試験レベルの**予想問題**
2. 本試験2回分に相当する**豊富な問題数**
3. 選択肢毎に解説の付いた**充実の解答解説冊子**付き
4. 大原人気講師による**解説講義をWeb配信**
5. 多くの受験生が利用！**全国ランキング表**付き

だから本試験前は大原の模擬試験！！　過去本試験の出題傾向を大原講師陣が徹底分析して作成した予想問題による模擬試験です。高い的中率と充実の解説が毎年好評をいただいています。

■社労士試験を知り尽くした大原だから信頼度は抜群！

全国統一公開模擬試験の受験で段階的に本番力をアップ！本番に向けて段階的に実力をアップします！

全国統一公開模擬試験Ⅰは、本試験レベルの難度の問題を、本試験と同じ時間帯で解きます。
時間配分や解く科目順番、高難度問題への対応などのシミュレーションに最適です。
全国統一公開模擬試験Ⅱでは、全国統一公開模擬試験Ⅰで見つかった課題を踏まえて受験でき、本番力完成の仕上げができます。

本番シミュレーション → 課題克服 → 本番力完成 → 本試験

全国統一公開模擬試験Ⅰ	全国統一公開模擬試験Ⅱ
選択式　8問 択一式70問 本試験1回分	選択式　8問 択一式70問 本試験1回分

高難度の論点を含む本試験レベルの問題

ご自宅で受験できます！
採点を行い、個人別成績表（ランキング・総評・正答率・偏差値など）もご郵送いたします。詳細な解説冊子も付きますので安心です。

大原人気講師による解説講義をWeb配信！
大原人気講師による模擬試験の解説講義（映像）を大原ホームページでご覧いただけます。重要論点を図解を用いて解説いたします。

■全国統一公開模擬試験　実施日程

入学金不要

全国統一公開模擬試験Ⅰ　全1回
7月6日(土)または7月7日(日)

全国統一公開模擬試験Ⅱ　全1回
7月27日(土)または7月28日(日)

- 全国統一公開模擬試験Ⅰ・Ⅱセット
- 全国統一公開模擬試験Ⅰ
- 全国統一公開模擬試験Ⅱ

受講料の詳細は2024年3月中旬完成予定の直前対策リーフレットをご覧ください。

■案内書のご請求はフリーダイヤルで
0120-597-008

■最新情報はホームページで
https://www.o-hara.jp/course/sharoshi
大原　社会保険労務士　[検索]

正誤・法改正に伴う修正について

　本書掲載内容に関する正誤・法改正に伴う修正については「資格の大原書籍販売サイト　大原ブックストア」の「正誤・改正情報」よりご確認ください。

https://www.o-harabook.jp/
資格の大原書籍販売サイト 大原ブックストア

　正誤表・改正表の掲載がない場合は、書籍名、発行年月日、お名前、ご連絡先を明記の上、下記の方法にてお問い合わせください。

お問い合わせ方法

【郵　送】　〒101-0065　東京都千代田区西神田２-２-10
　　　　　　大原出版株式会社　書籍問い合わせ係
【ＦＡＸ】　03-3237-0169
【E-mail】　shopmaster@o-harabook.jp

※お電話によるお問い合わせはお受けできません。
　また、内容に関する解説指導・ご質問対応等は行っておりません。
　予めご了承ください。

合格のミカタシリーズ

2024年対策
解いて覚える！社労士 選択式トレーニング問題集⑧

厚生年金保険法

■発行年月日	2024年３月18日　改訂初版
■著　　　者	資格の大原　社会保険労務士講座
■発　行　所	大原出版株式会社
	〒101-0065
	東京都千代田区西神田1-2-10
	TEL 03-3292-6654
■印刷・製本	株式会社メディオ

※落丁本・乱丁本はお取り替えいたします。
ISBN978-4-86783-085-7　C2032

本書の全部または一部を無断で転載、複写（コピー）、改変、改ざん、配信、送信、ホームページ上に掲載することは、著作権法で定められた例外を除き禁止されており、権利侵害となります。上記のような使用をされる場合には、その都度事前に許諾を得てください。また、電子書籍においては、有償・無償にかかわらず本書を第三者に譲渡することはできません。

© O-HARA PUBLISHING CO., LTD 2024 Printed in Japan